기독교문서선교회 (Christian Literature Center: 약칭 CLC)는 1941년 영국 콜체스터에서 켄 아담스에 의해 시작되었으며 국제 본부는 미국 필라델피아에 있습니다. 국제 CLC는 59개 나라에서 180개의 본부를 두고, 약 650여 명의 선교사들이 이동도서차량 40대를 이용하여 문서 보급에 힘쓰고 있으며 이메일 주문을 통해 130여 국으로 책을 공급하고 있습니다. 한국 CLC는 청교도적 복음주의 신학과 신앙서적을 출판하는 문서선교기관으로서, 한 영혼이라도 구원되길 소망하면서 주님이 오시는 그날까지 최선을 다할 것입니다.

추천사

김 태 규 목사_열린하늘문교회 담임목사

윤의현 목사님은 찬양에 은사를 가진 목사님이다. 그런데 말씀을 풀어내는 능력도 심상치 않다. 우리 교회 수요 강단에서 요나서를 설교했고, 신선했다. 기존의 요나서에 대한 편견을 깨트리고 시작한다. 그리고 구속사적 관점으로, 하나님 중심의 관점으로 요나서를 펼쳐간다. 일반 성도들이 이해할 수 있도록 간결하고 쉽지만, 깊은 은혜의 샘물이 흐른다. 독자들에게도 말씀의 은혜가 흘러갈 것을 기대하며 기쁜 마음으로 이 책을 추천한다.

이 동 원 목사_지구촌교회 원로목사

요나서는 설교자들의 꿈의 책이다.
한 번쯤은 꼭 그 책의 보고를 열고 싶은 책이다.
짧은 분량이지만 깊이를 헤아리기 어려운 책이다.
그런 책을 신세대의 언어로 접근해서 소통하는 강해서이다.
윤의현 목사님의 강해로 많은 분들이 성경과 더 친해졌으면 한다.
쉽지만 구속사적 접근으로 이 책의 핵심에 접근하게 된다.
저자의 설득처럼 요나가 나쁜 선지자가 아닐 뿐더러
오히려 그의 믿음을 본받게 되기를 기도한다.
성경강해에 관심을 가진 많은 분들에게 일독을 권한다.
성경의 요나를 통해 요~나를 발견하게 되시기를 …
주후 2020년 코로나의 바다에서 헤어나기를 기도하며.

이 정 현 목사_청암교회 담임목사, 『교사 베이직』 저자

『요나, 하나님과 친밀한 선지자』는 기존 요나서 강해집이나 설교집과 몇 가지 차별화된 부분이 있어 읽기에 흥미롭다.

첫째, 해석의 관점이 특별하다. 보통 신학자들은 요나에 대해 부정적인 평가를 많이 하는데, 윤의현 목사님은 요나를 매우 긍정적인 선지자로 묘사를 하고 있다.

둘째, 철저히 독자적인 책이다. 보통 강해서들은 독자들이 이해하기 힘든 어려운 요소들이 있는데, 이 책은 논리 흐름이 매우 간결해서, 귀에 쏙쏙 박히게 읽을 수 있다.

셋째, 매우 복음적이다. 요나서를 구속적 관점으로 전반적인 해석을 하였고, 적용 자체도 복음적 적용이 많다.

구약은 예수 그리스도 중심으로 볼 때, 가장 바른 해석이라고 보는데, 딱 이 책이 그렇다. 요나서를 통해서 큰 은혜를 체험하길 원하는 분들에게 강력하게 추천한다.

김 승 호 교수_한국성서대학교 선교신학 교수

저자는 불순종의 길을 걷다가 고난을 자초한 '탕자 같은 선지자 요나'라는 전통적인 해석적 관점에 머무르지 않는다. 요나를 구속사적 관점으로 바라보며 니느웨 이방인들에게 거룩하시고, 의로우시며, 구원을 베푸시는 하나님을 전한, 신약교회의 원심적 선교를 구약시대 이미 실천한 참된 선지자로 독자들에게 제시하고 있다.

요나, 하나님과 친밀한 선지자

Jonah, an intimate prophet with God
Written by Yoon ui hyun
All rights reserved.
Korean Edition Copyright ⓒ 2020 by Christian Literature Center, Seoul, Korea

요나, 하나님과 친밀한 선지자

2020년 5월 10일 초판 발행

지은이	|	윤의현
편집	|	고윤석
디자인	|	박나라
펴낸곳	|	(사)기독교문서선교회
등록	|	제16-25호(1980.1.18.)
주소	|	서울특별시 서초구 방배로 68
전화	|	02-586-8761~3(본사) 031-942-8761(영업부)
팩스	|	02-523-0131(본사) 031-942-8763(영업부)
이메일	|	clckor@gmail.com
홈페이지	|	www.clcbook.com
송금계좌	|	기업은행 073-000308-04-020 (사)기독교문서선교회

ISBN 978-89-341-2110-7(03230)

이 도서의 국립중앙도서관 출판예정도서목록(CIP)은 서지정보유통지원시스템 홈페이지(http://seoji.nl.go.kr)와 국가자료공동목록시스템(http://www.nl.go.kr/kolisnet)에서 이용하실 수 있습니다.
(CIP제어번호: CIP2020008284)

이 책의 저작권은 저자와 (사)기독교문서선교회가 소유합니다. 신저작권법에 의하여 한국 내에서 보호받는 저작물이므로 무단 전재와 무단 복제를 금합니다.

요나, 하나님과 친밀한 선지자

윤의현 지음

CLC

목차

추천사
김 태 규 목사_열린하늘문교회 담임목사
이 동 원 목사_지구촌교회 원로목사
이 정 현 목사_청암교회 담임목사, 『교사 베이직』 저자
김 승 호 교수_한국성서대학교 선교신학 교수

여는 글 "요나는 과연 나쁜 선지자일까?"　　　　　**10**

1. 하나님의 추적　　　　　　　　　　　　　18
2. 하나님의 큰 그림　　　　　　　　　　　　52
3. 하나님이 허락하신 고난　　　　　　　　　78
4. 하나님이 주시는 기회　　　　　　　　　102
5. 하나님의 은혜　　　　　　　　　　　　128

닫는 글 "요나는 억울하다"　　　　　　　　**150**

미주　　　　　　　　　　　　　　　　　　154

여는 글
"요나는 과연 나쁜 선지자일까?"

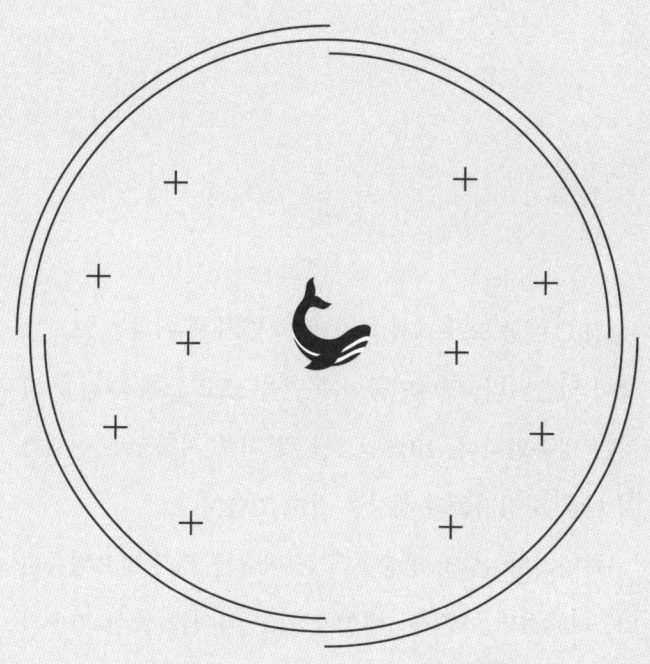

여는글

"요나는 과연 나쁜 선지자일까?"

MBC 예능 프로그램 가운데 '복면가왕'이라는 프로그램이 있습니다. 연예인들이 복면을 쓰고 노래 대결을 펼치는 방송입니다. 2015년 2월 첫 회를 시작으로 현재까지 많은 시청자들의 사랑을 받고 있습니다.

'복면가왕'은 첫 방송부터 큰 이슈를 불러 일으켰습니다. 왜냐하면, 모두의 예상을 깨고 아이돌 출신 가수가 우승을 차지했기 때문입니다. 첫 방송에서 걸그룹 EXID

출신 보컬 '솔지'라는 가수가 우승을 했고 바로 이어서 걸그룹 FX 출신 보컬 '루나'라는 가수가 우승을 차지했습니다. 이름도 잘 알려지지 않은 걸그룹 출신들이 쟁쟁한 선배 가수들을 누르고 우승을 한 것입니다.

요즘은 아이돌 가수의 노래 실력을 의심하는 사람들이 별로 없지만 그때까지만 하더라도 '아이돌 가수는 노래를 잘하지 못한다'라는 사회적인 분위기가 있었습니다. 아이돌 가수는 외모나 춤 실력이 뛰어날지 모르겠지만 노래 실력은 떨어진다는 생각을 가지고 있었던 겁니다. 설사 아이돌 가수가 노래를 잘하더라도 가창력으로 인정받는 가수들에 비해서는 실력이 부족하다는 인식이 강했습니다.

그런데, '복면가왕'이라는 프로그램이 아이돌 가수에 대한 편견을 완전히 깨뜨렸습니다. 복면을 쓰고 노래 실력만으로 평가했을 때 아이돌 가수의 가창력이 결코 뒤지지 않는다는 사실을 증명한 것이죠. 그래서 '복면가왕' 프로그램 덕분에 실력으로 인정받는 아이돌 가수가 많아졌습니다. 나아가 아이돌 가수들에게 이 프로그램은 사람들의 편견을 깨뜨려 주는 귀한 도구로 자리잡게 된 것입니다.

저는 이 '복면가왕' 프로그램을 생각하면 성경 인물 요나가 떠오릅니다. 요나도 아이돌 가수처럼 사람들의 편견 때문에 오해를 받고 있는 인물이 아닌가 싶습니다.

제가 존경하는 팀 켈러 목사님께서 요나서에 관해 책을 쓰셨습니다. 제목이 『방탕한 선지자』(*The Prodigal Prophet*, 2019)입니다. 책 제목만 보더라도 요나가 교회에서 어떤 대접을 받고 있는지 짐작할 수 있습니다. 팀 켈러 목사님께서 요나서를 구속사적 관점으로 해석한 부분은 높이 평가합니다.[1]

하지만, 요나를 '방탕한 선지자'로 몰아간 것에 대해서는 동의하기가 어려웠습니다. 팀 켈러 목사님뿐 아니라 대부분의 목회자들이나 신학자들이 요나를 '불순종의 아이콘' 또는 '본받아서는 안 되는 인물'로 해석하고 있는 실정입니다.

이러한 해석이 잘못되었다는 것이 아닙니다. 다만 저는 요나를 '꽤 괜찮은 믿음의 사람'으로 충분히 해석할 수 있다고 주장하는 바입니다. 요나서 본문에 나오는 단서들을 취합하면 쉽게 '불순종의 아이콘' 또는 '나쁜 선지자'로 낙인찍기가 힘듭니다. 무엇보다 요나서는 열린 결말입니다. 요나가 마지막 하나님의 메시지에 어떻게 반응했는지 아무도 모릅니다. 우리가 추측할 수는 있지만 함부로 결론지을 수 없다는 이야기입니다.

저는 요나서를 묵상하고 연구하고 설교 준비를 하면서 요나를 '꽤 괜찮은 믿음의 사람'으로 바라봤습니다. 물론 요나가 '믿음의 영웅'이라는 이야기가 아닙니다. 요나를 억지로 치켜세우고자 하는 것도 아닙니다. 다만 우리가 요나를 바라볼 때 한쪽으로 편견을 가지고 바라보고 있는 것은 아닌지 심각하게 고민해 볼 필요가 있다는 말입니다.

이 책은 제가 2019년 열린하늘문교회 수요예배 때 요나서를 시리즈로 강해한 내용을 담은 것입니다. 크게 3가지의 특징이 있습니다.

첫째, 요나를 '꽤 괜찮은 믿음의 사람'으로 봤습니다. 앞서 말씀 드린 대로 요나서를 살펴보면 요나를 '불순종의 아이콘'으로 몰아가기에는 증거가 빈약합니다. 그 결과 억지스러운 해석이나 자가당착에 빠질 위험이 있습니다. 그러나 요나서를 찬찬히 살펴보면 의외로 '꽤 괜찮은 믿음의 사람'이라는 단서는 많이 나옵니다. 이어지는 본문에서 구체적인 단서들을 살필 것입니다.

둘째, 요나서를 '구속사적 관점'으로 봤습니다.

요나서를 해석하는 관점이 다양합니다. 손진호 목사님의 『구속사적 관점에서 본 요나서』에서는 모범적 해석, 풍유와 비유적 해석, 문학 비평과 수사 비평의 해석, 사회 정치학적 해석, 선교학적 해석, 포괄적인 구속사적 해석에 대해 설명합니다. 그만큼 요나서를 해석하는 방법이 다양하다는 것입니다. 저는 요나서를 구속사적 해석, 즉 '창세전부터 정하신 하나님의 작정에 따라 예수 그리스도의 죽으심과 부활을 중심으로 타락한 죄인들을 구원하는 전 역사'의 관점으로 바라봤습니다.[2]

셋째, '하나님 중심'으로 봤습니다.

요나서는 하나님께서 말씀하심으로 시작되고 요나서의 마지막도 하나님께서 말씀하심으로 마무리됩니다. 요나서의 주인공은 요나가 아니고 정체불명의 물고기도 아닙니다. 요나서를 묵상하며 하나님의 일하심과 하나님의 마음에 집중하려고 했습니다. 그래서 소제목을 정할 때 의도적으로 '하나님'이라는 단어를 모두 삽입했습니다. 무엇보다 설교를 듣는 회중들을 위하여 너무 어려운 표현이나 신학적으로 깊이 있게 연구해야 할 부분들은 과감하게 삭제했습니다.

바라는 것은, 이 책을 통해 요나서를 연구하는 신학자들의 연구가 더 활발해지기를 바랍니다. 이미 나와 있는 자료들은 요나가 나쁜 선지자라는 데 초점을 맞추고 있기에 다른 관점으로 바라보는 연구가 필요하다고 생각합니다.

나아가 목회자들과 신학생들이 요나서로 설교를 준비할 때 참고할 수 있는 자료가 되기를 바랍니다. 또한 성경을 사랑하는 성도들이 요나서를 묵상하고 공부할 때 미력하나마 작은 도움이 되면 좋겠습니다. 요나에게 조심스럽게 복면을 씌워 봅니다.

1. 하나님의 추적

(욘 1:1-12)

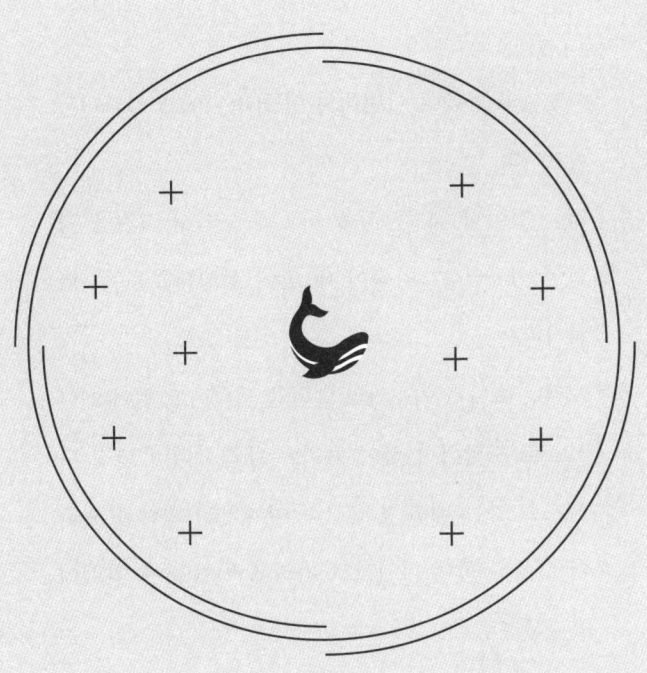

1. 하나님의 추적
(욘 1:1-12)

¹ 여호와의 말씀이 아밋대의 아들 요나에게 임하니라 이르시되

² 너는 일어나 저 큰 성읍 니느웨로 가서 그것을 향하여 외치라 그 악독이 내 앞에 상달되었음이니라 하시니라

³ 그러나 요나가 여호와의 얼굴을 피하려고 일어나 다시스로 도망하려 하여 욥바로 내려갔더니 마침 다시스로 가는 배를 만난지라 여호와의 얼굴을 피하여 그들과 함께 다시스로 가려고 배삯을 주고 배에 올랐더라

⁴ 여호와께서 큰 바람을 바다 위에 내리시매 바다 가운

데에 큰 폭풍이 일어나 배가 거의 깨지게 된지라

5 사공들이 두려워하여 각각 자기의 신을 부르고 또 배를 가볍게 하려고 그 가운데 물건들을 바다에 던지니라 그러나 요나는 배 밑층에 내려가서 누워 깊이 잠이 든지라

6 선장이 그에게 가서 이르되 자는 자여 어찌함이냐 일어나서 네 하나님께 구하라 혹시 하나님이 우리를 생각하사 망하지 아니하게 하시리라 하니라

7 그들이 서로 이르되, 자 우리가 제비를 뽑아 이 재앙이 누구로 말미암아 우리에게 임하였나 알아 보자 하고 곧 제비를 뽑으니 제비가 요나에게 뽑힌지라

8 무리가 그에게 이르되 청하건대 이 재앙이 누구 때문에 우리에게 임하였는가 말하라 네 생업이 무엇이며 네가 어디서 왔으며 네 나라가 어디며 어느 민족에 속하였느냐 하니

9 그가 대답하되 나는 히브리 사람이요 바다와 육지를 지으신 하늘의 하나님 여호와를 경외하는 자로라 하고

10 자기가 여호와의 얼굴을 피함인 줄을 그들에게 말하

> 였으므로 무리가 알고 심히 두려워하여 이르되 네가 어찌하여 그렇게 행하였느냐 하니라
> ¹¹ 바다가 점점 흉용한지라 무리가 그에게 이르되 우리가 너를 어떻게 하여야 바다가 우리를 위하여 잔잔하겠느냐 하니
> ¹² 그가 대답하되 나를 들어 바다에 던지라 그리하면 바다가 너희를 위하여 잔잔하리라 너희가 이 큰 폭풍을 만난 것이 나 때문인 줄을 내가 아노라 하니라 (욘 1:1-12).

사람들은 알게 모르게 편견을 가지고 살아갑니다.

편견이 무엇입니까?

"편견" = [명사] '공정하지 못하고 한쪽으로 치우친 생각.'

한쪽으로 치우친 생각이 편견입니다.

우리가 다른 사람들을 바라볼 때 편견의 안경을 끼고 바라보는 경우가 있지 않습니까?

"저 사람 이상한 줄 알았는데 만나보니 정상이더라! 저 사람 소문에는 나쁜 사람인 줄 알았는데 경험해 보니

괜찮은 사람이었네"라고 깨달은 경험이 있지 않습니까?

반대로 "저 사람은 괜찮은 사람인 줄 알았는데 만나 보니 별로더라! 저 사람은 소문은 좋았는데 알고 보니 완전 사기꾼이야"라고 알게 된 경험도 있지 않습니까?

저는 대학교 시절, 소문이 좋은 선배를 만났던 기억이 있습니다. 그 선배는 노래도 잘하고 통기타도 잘 치고, 신앙생활도 열심히 하는 믿음 좋은 선배로 소문난 사람이었습니다. 저는 통기타를 배우고 싶은 마음에 그 선배와 가깝게 지내게 됐는데 소문과는 완전히 다른 사람이었습니다.

믿음이 좋다던 그 선배는 술을 얼마나 좋아하는지 필름이 끊길 정도로 술 마시기를 즐기던 사람이었습니다. 한번은 만취가 된 상태로 연락이 와서 제 자취방에 재워줬습니다. 그런데, 다음날 일어난 저는 경악을 금할 수 없었습니다. 제 자취방이 오물과 대소변으로 가득했던 것입니다. 자신의 오물을 치우지도 않고 제 방을 빠져나간 것입니다. 저는 그날 오전 내내 그 아름다운 오물을 치웠던 기억이 있습니다. 그뿐 아닙니다. 신앙생활을 열심히 한다던 선배는 알고 보니 JMS 이단이었습니다.

소문이 좋았던 그 선배는 실제 경험해 보니 소문과는 완전히 다른 사람이었습니다.

이처럼 사람은 직접 경험해 보는 것이 정확합니다. 소문은 틀릴 가능성이 있는 것이죠. 물론 어떤 사람에 대한 소문을 무시할 수는 없습니다. 하지만, 내가 직접 경험해 보는 것이 더 정확합니다. 우리가 어떤 사람에 대해 직접 경험하지 않고 소문으로만 그 사람을 판단하게 되면 한쪽으로 치우친 판단을 할 가능성이 있습니다. 그렇기 때문에 가능하면 직접 경험해 보는 것이 중요합니다.

성경 인물도 마찬가지입니다. 한 인물에 대해서 다른 사람들의 소문이나 이야기를 듣는 것도 좋지만 내가 직접 경험해봐야 합니다. 직접 성경을 읽고 묵상하기보다 소문을 많이 듣게 되면 편견을 가질 수 있기 때문입니다.

성경 인물 중에 요나만큼 편견에 쌓여 있는 사람이 또 있을까요?

요나를 생각하면 어떤 이미지가 먼저 떠오르십니까? '불순종의 아이콘' 또는 '절대 닮아서는 안 되는 인물'이라는 이미지가 떠오르지 않습니까?

왜냐하면, 요나에 대한 나쁜 소문을 많이 들었기 때문

입니다. '요나는 이런 사람이야, 요나는 저런 사람이야'라는 다른 사람들의 말을 너무 많이 듣지 않았습니까?

물론 요나가 하나님 앞에 불순종한 부분은 부인할 수 없는 사실입니다. 그렇지만 요나서 전체를 볼 때 요나를 '불순종의 아이콘'으로 몰아가기에는 아쉬운 부분이 많습니다.

한번 생각해 보십시오.

요나가 성적인 죄를 저질렀습니까?

부모를 거역했습니까?

우상을 섬겼습니까?

하나님을 배신했습니까?

요나는 우리가 잘 아는 다윗이나 솔로몬처럼 고개를 저을 만한 죄악을 저지른 적이 없습니다. 세상 사람들이 볼 때 손가락질 받을 만한 잘못을 저지른 일도 없습니다. 요나가 '불순종의 아이콘'이라면, 다윗은 '불순종의 황태자'로 등극해야 하고 절대 닮아서는 안 되는 인물이 돼야 합니다.

다윗은 어떤 죄를 지었습니까?

밧세바를 간음했고 또 하나님 앞에서 거짓을 말했

고 밧세바의 남편 우리아를 의도적으로 살인하지 않았습니까?

간음, 살인, 거짓 증언의 죄를 저지른 사람이 다윗입니다.

다윗의 아들 솔로몬은 어떻습니까?

천 명 이상의 첩을 거느리며 육신의 쾌락에 빠져 있었던 사람이 솔로몬이 아닙니까?

요나가 '불순종의 아이콘'이라면 솔로몬은 인간도 아닐 것입니다. 그렇지 않습니까?

이처럼 요나를 다윗과 솔로몬과 비교하더라도 요나를 나쁜 사람이라고 몰아가기에는 어려움이 있습니다.

저는 요나를 '믿음의 거장,' '믿음의 영웅'이라고 이야기하는 것이 아닙니다. 다만 요나가 '불순종의 아이콘'으로 불리기에는 요나서에 나오는 증거가 빈약하다는 것입니다. 오히려 요나서를 찬찬히 살펴보면 의외로 요나가 '꽤 괜찮은 믿음의 사람'이라는 단서를 어렵지 않게 찾을 수 있습니다.

요나가 '꽤 괜찮은 믿음의 사람'이라는 단서를 7가지로 정리해 봤습니다. 한번 따라와 보시겠습니까?

1. 요나는 하나님의 사명을 받은 사람입니다

> 여호와의 말씀이 아밋대의 아들 요나에게 임하니라 이르시되(욘 1:1).

하나님은 요나를 아셨습니다. 요나를 아실 뿐 아니라 요나에게 말씀을 주셨습니다. 하나님은 아무에게나 임하시고 말씀을 주시는 분이 아닙니다.

그것도 개인적인 말씀이 아니라 시대적 사명을 주셨지요.

요나는 니느웨에 가서 심판의 메시지를 전해야 하는 사명을 받았습니다. 니느웨는 이 당시 앗수르의 수도였습니다. 기원전 8세기경 앗수르는 그 시대에 가장 번영한 도시였습니다. 성경은 니느웨를 아래와 같이 표현하고 있습니다.

> 화 있을진저 피의 성이여 그 안에는 거짓이 가득하고 포악이 가득하며 탈취가 떠나지 아니하는도다(나 3:1).

하나님은 그 시대에 가장 번영했고 또 포악한 도시에 가서 심판을 명하라는 사명을 요나에게 주신 것입니다. 결코 가볍거나 쉬운 명령이 아니었습니다. 이처럼 요나는 하나님이 그 시대에 택하시고 사명을 준 사람입니다.

2. 요나는 '하나님의 종'이라 불린 믿음의 사람이었습니다

1절에 요나 아버지의 이름이 등장합니다.
'아밋대'라는 이름은 원어로 '아밋타이'(Amittai)입니다. 진실한 사람, 진리의 사람이라는 뜻이죠. 요나와 아버지에 대한 정보를 열왕기하에서도 찾을 수 있습니다.

> 여호와 보시기에 악을 행하여 이스라엘에게 범죄하게 한 느밧의 아들 여로보암의 모든 죄에서 떠나지 아니하였더라 이스라엘의 하나님 여호와께서 그의 종 가드헤벨 아밋대의 아들 선지자 요나를 통하여 하신 말씀과 같이 여로보암이 이스라엘 영토를 회복하되 하맛 어귀에서부터 아라바 바다까지 하였으니 (왕하 14:24-25).

열왕기하 본문을 통해 요나가 분열 왕국 시기에 활동했다는 사실을 알 수 있습니다. 구체적으로 들어가자면 이스라엘의 13대 왕 여로보암 2세 때입니다.

여로보암 2세 때가 어떤 시대입니까?

죄악이 만연한 시대, 우상을 숭배하던 시대로 대표되는 시기입니다.

이런 악한 시대적 상황 가운데 하나님은 요나를 "하나님의 종"이라고 표현하십니다. 새번역성경으로 읽으면 조금 더 와닿는 것 같습니다.

> … 이것은 주 이스라엘의 하나님께서 그의 종인 가드헤벨 사람 아밋대의 아들 요나 예언자에게 말씀하신 그대로였다(왕하 14:25, 새번역성경)

25절에 나오는 '그의 종' 이라는 표현은 원어로 '에베드'(ebed)입니다. 노예, 하인이라는 뜻이죠. 이 '에베드'라는 단어는 하나님이 모세를 "나의 종 모세"라고 부를 때 사용한 단어입니다. 정리하자면, 시대적으로 악한 여로보암 2세 때에 하나님의 종으로 불린 사람이 바로 요나였습니다.

그렇다면 '요나' 이름의 뜻은 무엇입니까?

'비둘기'라는 뜻으로 평화, 순결을 의미합니다. 구약에서 노아의 방주 때 사명을 받고 방주 밖을 다녀온 '순종한 비둘기'가 기억납니다(창 8:8-12).

또 신약에서 예수님이 세례를 받으실 때 '성령이 비둘기처럼 임했다'라는 말씀도 기억납니다(마 3:16-17).

하나님은 이러한 이름의 뜻을 가지고 있는 요나를 열왕기하 14장에서 '하나님의 종 선지자 요나'라고 부르셨습니다. 구약에서 일반적으로 선지자(예언자)를 가리킬 때 사용한 단어 '나비'(*Nabi*)를 그대로 사용했습니다. 우리가 살핀 대로 요나는 '하나님의 종'으로 불린 믿음의 사람이었습니다. 그리고 요나는 '하나님의 선지자'로 사역했던 믿음의 사람이었습니다.

3. 요나는 신앙 고백이 분명한 사람입니다

요나는 하나님이 명령하신 니느웨가 아니라 다시스로

가는 배를 타고 도망가다가 위기를 만납니다. 침몰 직전에 있던 배에서 제비뽑기를 해 요나가 당첨됐습니다.

그때 요나가 어떻게 했습니까?

요나는 변명하지 않습니다. 오히려 당당히 신앙을 고백합니다.

> 그가 대답하되 나는 히브리 사람이요 바다와 육지를 지으신 하늘의 하나님 여호와를 경외하는 자로라 하고 (욘 1:9).

"나는 하나님이 택한 사람입니다. 천지를 창조하신 하나님을 섬기는 사람입니다"라고 고백합니다. 요나가 처한 상황을 생각할 때 결코 쉬운 고백이 아니지요.

평안할 때는 누구나 신앙을 고백할 수 있지요.

하지만, 신앙 고백으로 말미암아 나에게 큰 피해가 온다면 쉽게 신앙을 고백하기가 힘듭니다.

만약 여러분이 신앙을 고백했다가 당장 은행에 있는 재산의 반이 날아간다면 고백하실 수 있겠습니까?

또 만약에 신앙을 고백하여 사랑하는 내 자녀들에게

피해가 간다면 어떻겠습니까?

당장 나에게 피해가 오는 상황을 인지하고 있음에도 신앙을 고백한다는 것은 쉬운 일이 아닙니다. 하물며 신앙 고백 한 번에 내 목숨이 달려 있다고 생각해 보십시오. 그러한 위기 가운데 신앙을 고백한다는 것은 결코 쉬운 일이 아닙니다.

일제 강점기 시절 신사 참배를 거부하며 당당히 신앙을 고백하다가 순교한 믿음의 선조들을 기억합니다. 얼마나 대단한 믿음의 유산을 물려주었는지 우리는 잊지 말아야 할 것입니다. 우리는 신앙 고백을 결코 만만하게 봐서는 안 됩니다. 특히 위기 가운데 있는 상황에서는 말할 것도 없지요.

이처럼 위기 가운데 신앙을 당당히 고백한다는 것은 믿음이 없이는 할 수 없는 일입니다.

그런데, 요나는 어땠습니까?

요나는 위기 때 신앙을 숨기지 않았습니다. 자신이 신앙을 고백함으로 넘실대는 바다 한가운데 빠져 죽을 수 있다는 것을 알았음에도 당당히 신앙을 고백했습니다. 그렇기 때문에 요나를 신앙 고백이 분명한 믿음의 사람으로 볼 수 있습니다.

4. 요나는 자신을 희생한 사람입니다

> 여호와께서 큰 바람을 바다 위에 내리시매 바다 가운데에 큰 폭풍이 일어나 배가 거의 깨지게 된지라(욘 1:4).

요나가 탄 배가 바다 위에서 폭풍을 만납니다. 요나가 하나님의 말씀대로 니느웨로 가지 아니하고 니느웨 반대편 다시스로 (오늘날 스페인) 도망갔기 때문입니다.

요나가 한 번에 하나님의 말씀에 순종했으면 좋았을 텐데 한 번에 순종하지 못했습니다. 그 결과 바다 위에서 폭풍을 만나게 된 것이죠. 결국 제비뽑기를 하여 요나가 당첨됩니다. 당첨된 뒤 요나는 앞서 살핀 대로 신앙을 고백하고 자신을 바다에 던지라고 말합니다.

> 그가 대답하되 나를 들어 바다에 던지라 그리하면 바다가 너희를 위하여 잔잔하리라 너희가 이 큰 폭풍을

만난 것이 나 때문인 줄을 내가 아노라 하니라(욘 1:12).

요나는 자신을 바다에 던지라고 합니다. 자신의 잘못을 인정합니다. 그리고 자신의 잘못에 대한 책임을 집니다.

나의 잘못을 인정하지 않고 남에게 책임을 전가하는 것은 죄악 된 인간의 본성입니다.

성경의 기록대로 아담과 하와 때부터 죄를 짓고 자신의 책임을 서로 미루지 않았습니까?

그래서 인간은 누구나 잘못에 대해 책임지지 않으려 하고 잘못이 드러났음에도 남에게 책임을 전가시키려 하고 나아가 거짓으로 잘못을 무마하려는 악한 본성이 있습니다.

리더십의 권위자인 존 맥스웰은 "나이를 먹는다고 성숙해지는 것이 아니다. 책임을 지는 사람이 성숙한 사람이다"라고 했습니다.[3] 또 셀 교회의 아버지로 불리는 랄프 네이버는 "성숙한다는 것은 책임을 진다는 것을 의미한다"라고 했습니다.[4]

요나는 어땠습니까?

하나님의 말씀에 한 번에 순종하지 않은 것은 명백한 잘못입니다. 하지만, 결국 자신의 잘못을 인정하고 책임지는 행동을 합니다. 자신을 희생하는 모습을 보여줍니다. 그 결과 배에 있는 이방인 선원들의 목숨을 살려줍니다. 요나는 신앙을 당당히 고백할 뿐 아니라 책임을 지고 자신을 희생하는 사람이었습니다.

5. 요나는 말씀의 사람입니다

> 요나가 물고기 뱃속에서 그의 하나님 여호와께 기도하여(욘 2:1).

요나서 2장에 요나가 물고기 뱃속에서 기도하는 장면이 나옵니다. 그런데, 그 기도의 내용이 놀랍습니다.

요나의 기도는 성경 시편의 내용과 거의 비슷합니다. 요나의 기도를 통해 요나가 평소에 시편을 줄줄 외우고 있었거나 시편을 즐겨 봤다는 사실을 알 수 있습니다.

요나는 시편 3, 18, 23, 30, 31, 42, 69, 120편 등을 인

용해 기도하고 있습니다. 특히 시편 3편 마지막과 요나의 기도 마지막은 동일합니다.

"예슈아 예호바" = 구원은 여호와께 속하였습니다.

요나의 기도를 통해 알 수 있는 것은 요나가 말씀의 사람이었다는 사실입니다. 요나는 시편을 사랑했고 외우고 있었습니다. 물고기 뱃속에서 시편으로 기도하는 것이 말처럼 쉬운 일일까요?

그 좁고 깜깜하고 더러운 장소에서 말씀을 떠올리며 기도한다고 생각해 보십시오. 보통 믿음이 아닙니다.

깜깜한 엘리베이터에 갇혔다고 생각해 보십시오.

우리의 기도는 어떨까요?

엘리베이터에 갇힌 상태에서 하나님의 말씀을 얼마나 외울 수 있을까요?

저와 여러분의 기도가 얼마나 시편의 기도와 닮아 있을까요?

요나는 숨을 쉬기도 어려운 물고기 뱃속에서 말씀으로 기도했습니다. 평소에 말씀을 사랑했고 시편이 삶의 기도였다는 사실을 알 수 있습니다.

요나, 꽤 괜찮은 믿음의 사람 아닙니까?

6. 요나는 하나님 앞에 솔직한 사람입니다

> 요나가 매우 싫어하고 성내며 여호와께 기도하여 이르되 … (욘 4:1-2).

요나서 4장에는 박넝쿨 사건 때문에 요나가 '성내며 기도했다'라고 기록돼 있습니다.

성내며 도망간 것이 아닙니다. 성내며 숨은 것이 아닙니다. 성을 냈지만 기도했습니다. 여러분, 성내며 솔직하게 기도하는 것이 얼마나 귀한 기도인지 모릅니다.

시편을 보십시오. 악인을 벌해 달라거나 저주하는 내용이 담겨 있는 시편이 꽤 있습니다. 시편 35, 55, 58, 69, 70, 83, 94, 109, 129, 140편 등으로 많지 않습니까?

대표적으로 시편 109편을 조금 살펴보겠습니다.

그가 심판을 받을 때에 죄인이 되어 나오게 하시며 그의 기도가 죄로 변하게 하시며 그의 연수를 짧게 하시며 그의 직분을 타인이 빼앗게 하시며 그의 자녀는 고아가 되고 그의 아내는 과부가 되며 그의 자녀들은 유리하며 구걸하고 그들의 황폐한 집을 떠나 빌어먹게 하소서 고리대금하는 자가 그의 소유를 다 빼앗게 하시며 그가 수고한 것을 낯선 사람이 탈취하게 하시며 그에게 인애를 베풀 자가 없게 하시며 그의 고아에게 은혜를 베풀 자도 없게 하시며 그의 자손이 끊어지게 하시며 후대에 그들의 이름이 지워지게 하소서 여호와는 그의 조상들의 죄악을 기억하시며 그의 어머니의 죄를 지워 버리지 마시고 그 죄악을 항상 여호와 앞에 있게 하사 그들의 기억을 땅에서 끊으소서 (시 109:7-15).

다윗을 비롯한 시편 기자들이 얼마나 솔직하게 기도했는지 모릅니다. 하나님은 가식적인 기도보다 솔직한 기도를 기뻐하십니다.

"하나님, 저 화나요. 하나님, 저 정말 힘들어요. 하나님, 이것만큼은 순종하기 어려워요. 하나님 저 악인들을 벌해 주세요."

이렇게 기도하는 것은 나쁜 것이 아닙니다. 성경적인 기도입니다.

요나는 화를 내고 도망간 것이 아닙니다. 성내며 침묵 시위 한 것도 아닙니다. 요나는 화가 났지만 하나님 앞에 기도했다고 기록돼 있습니다. 요나는 솔직하게 하나님 앞에 나아가는 사람이었습니다. 하나님 앞에 자신의 감정을 토로하며 기도하는 사람이었습니다.

7. 요나는 순종의 사람입니다

> 그래서 요나는 여호와의 말씀에 순종하여 니느웨로 갔다(욘 3:3, 현대인의성경).

요나는 하나님의 말씀에 순종하여 니느웨로 갔습니다. 물론 한 번에 순종한 것은 아니지만 결국 순종했습니다. 요나 입장에서는 순종하는 것이 결코 쉬운 일이 아닙니다. 니느웨로 가서 멸망을 선포하라는 것은, 요나 입장에서 원수를 용서하라는 의미와 마찬가지였습니다.

왜 요나에게 원수를 용서하라는 의미가 될까요?

니느웨는 앗수르의 수도입니다. 그 당시 앗수르는 요나가 속해 있는 유대 땅을 약탈하고 핍박하던 나라였습니다. 요나 입장에서 니느웨를 한 마디로 표현하자면 '원수의 나라'라고 할 수 있겠습니다.

한번 생각해 보십시오. 우리나라 일제 강점기 시절이라고 가정해 봅시다. 우리나라가 일본에 땅을 빼앗기고 약탈 당합니다. 사랑하는 부모님이 끌려가고 사랑하는 자식들과 이웃들이 고통을 당했습니다. 그런 상황에서 "일본을 용서하고 일본의 수도 도쿄에 가서 복음을 전하라"라는 하나님의 명령을 들었다고 생각해 보십시오.

일본으로 바로 가겠습니까?

하나님의 명령에 바로 순종할 수 있겠습니까?

오히려 반대편 멀리 미국으로 도망가지 않겠습니까?

먼 나라로 이민 가고 싶지 않겠습니까?

요나의 입장에서 그만큼 순종하기 어려운 명령이라는 겁니다.

요나도 그런 상황이었습니다. 배를 타고 니느웨로 가

지 않고 다시스, 오늘날 스페인으로 멀리 도망가려 했던 이유는 니느웨가 회개하고 돌아오는 것을 원하지 않았기 때문입니다. 한마디로 "원수를 용서하라, 원수를 사랑하라"는 명령이 너무 힘들었기 때문입니다.

더군다나 니느웨는 장정만 12만 명이 넘게 거주하는 큰 도시였습니다.

요나가 홀로 가서 복음을 전한다는 것이 얼마나 어려운 일이었겠습니까?

포악하기로 소문난 니느웨에 홀로 들어가서 심판의 메시지를 전한다는 것은 죽을 각오를 해야 하는 일이었습니다. 목숨을 내어놓고 가야 하는 일인 것이죠. 그럼에도 요나는 결국 순종했습니다. 비록 한 번에 순종하지는 않았지만 물고기 뱃속의 고난을 통과한 뒤에 순종의 길로 갔습니다.

이렇게 요나가 '꽤 괜찮은 믿음의 사람'이라는 7가지 단서를 찬찬히 살펴봤습니다.

여러분은 어떻게 생각하십니까?

요나를 불순종의 아이콘으로 몰아가기에는 아쉽지 않습니까?

요나를 '꽤 괜찮은 믿음의 사람'으로 볼 수 있는 단서들이 많이 있지 않습니까?

과연 하나님은 '너희는 요나처럼 불순종하면 안 된다,' '요나를 절대 닮으면 안 된다'라는 메시지를 주고자 하셨을까요?

물론 그런 메시지도 포함됐겠지만 그것이 핵심은 아니라고 생각합니다. 요나서 전체의 핵심 메시지를 2가지로 정리해 봤습니다.

첫째, 요나의 입장에서 생각하십시오.

'역지사지'(易地思之)라는 사자성어를 아십니까?

처지를 바꿔 생각하라는 뜻입니다. 상대방의 입장에서 생각하고 함부로 판단하지 말라는 의미의 사자성어입니다.

우리가 요나를 바라볼 때 요나의 입장을 전혀 고려하지 않은 채 쉽게 판단하고 정죄하고 있는 것은 아닌지 돌아봐야 합니다.

'내가 요나라면 과연 어땠을까?'

'내가 요나의 상황이었다면 어떻게 행동했을까?'

입장을 바꿔놓고 생각해 봐야 한다는 것이죠.

사실 하나님 앞에서 우리의 모습은 요나와 비슷하지 않습니까?

혹시 '나는 요나보다는 훨씬 괜찮은 믿음을 가진 사람이야'라고 생각하는 분이 있을지 모르겠습니다. 혹은 요나를 형편없는 사람으로 치부하고 요나의 연약한 부분을 바라보며 은근히 어깨를 으쓱한 분들이 있을지도 모르겠습니다.

하지만, 원수를 사랑하는 것이 말처럼 쉽던가요?

정말 요나보다 뛰어나서 그 어려운 하나님의 명령에 한 번에 순종하십니까?

그런 훌륭한 믿음을 가진 분들도 계시겠지만 저는 그렇지 않습니다. 목회자이지만 원수를 사랑하기 어렵고 도저히 순종하기 힘든 명령 앞에 반항할 때도 있습니다.

우리 대부분은 요나처럼 '원수를 용서하고 사랑하라'는 명령 앞에 순종하기를 어려워합니다.

우리는 순종은커녕 "사랑하라, 용서하라"는 하나님의 명령 앞에 도망치는 존재가 아닙니까?

나를 배신하고 떠난 사람, 나에게 씻을 수 없는 상처를 준 사람, 내 가정을 위협에 빠뜨린 사람, 나를 괴롭히고 내 인생을 고통으로 몰아넣은 사람, 그 원수 같은 사람들을 "용서하라, 사랑하라"는 것은 결코 쉬운 명령이 아닙니다.

"하나님 그것만은 못하겠어요. 하나님 이것만은 안 돼요. 하나님 이것만은 좀 봐주세요"라며 순종하지 못하는 것들이 얼마나 많습니까?

하나님 앞에서 우리는 요나와 같습니다.

누가 요나를 쉽게 손가락질할 수 있겠습니까?

누가 요나를 비판할 수 있습니까?

누가 함부로 다른 사람의 믿음을 판단할 수 있습니까?

> 어찌하여 형제의 눈 속에 있는 티는 보고 네 눈 속에 있는 들보는 깨닫지 못하느냐 … 외식하는 자여 먼저 네 눈 속에서 들보를 빼어라 그 후에야 밝히 보고 형제의 눈 속에서 티를 빼리라(마 7:3, 5).

무슨 말씀입니까?

다른 사람의 작은 허물은 잘 보면서, 자신의 큰 허물은 보지 못한다는 교훈이지요. 예수님은 함부로 비판하지 말라고 말씀하십니다. 우리가 다른 사람을 손가락질 할 때 나머지 세 손가락은 나를 가리키고 있다는 사실을 잊지 마시기 바랍니다.

예수님도 십자가 지는 것을 힘들어 하시지 않았습니까?

하나님 앞에 "제발 이 잔을 지나가게 해 달라"고 간절히 간구하셨습니다. 순종이 이렇게 어렵습니다. 정답을 알지만 행동으로 순종하는 것은 결코 쉬운 일이 아닙니다. 그렇기 때문에 다른 사람의 믿음을 함부로 판단하면 안 됩니다. 상대를 쉽게 정죄하면 안 되는 것이죠.

우리가 살다 보면 공감보다는 정답만을 이야기하는 사람을 만날 때가 있는데, 참 상대하기가 힘듭니다. 공감보다는 비판만 늘어놓는 사람들이 있는데 참 어렵습니다.

물론 정답을 아는 것은 중요합니다. 하지만, 공감도 중요합니다.

우리 안에 예수님이 계시다면 공감 능력이 발휘돼야

합니다. 왜냐하면, 예수님은 공감 능력이 가장 탁월하신 분이기 때문에 그렇습니다.

십자가의 고난을 통해 인간의 모든 고통을 아시는 분이 예수님이 아닙니까?

우리가 다른 사람을 판단하기 전에 우리의 믿음을 먼저 돌아보는 성숙함이 있어야 하겠습니다. 다른 사람에게 정답을 말하기 전에, 먼저 공감하는 성숙함이 있어야 하겠습니다. 예수님을 닮아 공감의 사람이 되기를 바랍니다.

두 번째로 제가 묵상한 요나서의 핵심 메시지는 바로 이것입니다.

둘째, 하나님은 요나를 끝까지 추적하십니다.

하나님은 요나의 불완전함을 아셨지만 포기하지 않으셨습니다. 요나의 연약함에도 끝까지 추적하십니다. 그리고 하나님의 일을 결국 행하십니다.

존 스토트 목사님이 쓰신 책 『나는 왜 그리스도인이 되었는가?』(*Why I am a christian : This is my story*, 2004)라는 책

에는 목사님의 고백이 담겨 있습니다. 다음은 인상 깊게 읽은 대목입니다.[5]

> 제가 그리스도인이 된 이유는, 궁극적으로 제 부모나 스승의 영향도 아니고 그리스도에 대한 저 자신의 결단 때문도 아니며, 바로 '천국의 사냥개' 때문입니다. 즉 제 마음대로 가고자 도망할 때조차도 끈질기게 저를 쫓아오신 그분 때문인 것입니다. 그리고 그분이 은혜롭게도 저를 추적하지 않으셨다면, 오늘날의 저는 없을 것입니다.

존 스토트 목사님은 하나님을 천국의 사냥개로 표현했습니다. 부드럽게 오늘날로 표현을 바꾸자면 "거룩한 추적자"라고 할 수 있겠습니다. 우리를 잡아먹으려고 쫓아오시는 것이 아니라 사랑하기 때문에 끝까지 달려오시는 하나님을 비유한 것입니다.

우리가 하나님의 자녀가 된 것은 우리가 하나님을 택한 것이 아니라 하나님이 우리를 쫓아오셨기 때문입니다. 하나님이 추적자로 달려오셨기 때문입니다. 하나님의 선택이라는 이야기입니다.

> 사랑은 여기 있으니 우리가 하나님을 사랑한 것이 아니요 하나님이 우리를 사랑하사 우리 죄를 속하기 위하여 화목제물로 그 아들을 보내셨음이라(요일 4:10).

우리가 하나님을 사랑한 것이 아닙니다. 우리는 하나님과 원수였습니다. 하나님의 사랑을 잊어버리고, 하나님의 은혜를 잊어버리고, 하나님을 무시했던 존재가 우리 아닙니까?

감사하기보다 불평하고, 만족하기보다 늘 욕심을 품고, 선을 행하기보다 늘 죄짓기 바쁜 것이 우리 아닙니까?

그런 우리를 추적하시는 분이 하나님입니다.

이 추적이 얼마나 감동적입니까?

하나님은 하늘 보좌를 버리고 우리를 추적하러 이 땅에 오셨습니다.

죄로 막힌 담을 예수님으로 뚫고 우리를 추적하러 오신 분이 하나님이십니다.

죄로 끊어진 다리를 예수님으로 연결하여 우리를 추

적하시는 분이 하나님이십니다. 생명 바쳐 우리를 추적하시는 분이 하나님입니다.

하나님은 거룩한 추적자, 천국의 사냥개입니다.

요나를 끝까지 추적하셨던 하나님은 우리를 끝까지 추적하십니다.

나의 어떠함이 아니라 하나님의 사랑 때문에 추적하십니다.

요나를 끝까지 사랑하시는 하나님이 우리를 끝까지 사랑한다는 사실을 기억해야 합니다.

하나님이 우리를 추적하시는 이유가 한 가지 더 있습니다. 그것은 바로 우리를 하나님을 닮은 '거룩한 추적자'로 만들기 위함입니다. 이 땅에서 우리를 하나님처럼 '거룩한 추적자'로 세우기 위함입니다. 이 땅에서 하나님의 추적을 받은 사람은 하나님처럼 거룩한 추적자로 변화되게 됩니다.

하나님은 우리 한 사람 한 사람이 거룩한 추적자로 변화되어 원수 같은 가족을 끝까지 사랑하기를 원하십니다. 우리 모두가 거룩한 추적자로 세워져 용서하기 힘든 이웃을 끝까지 사랑하기를 원하십니다.

이처럼 하나님은 우리를 사랑의 사람, 용서의 사람으로 만들어 가십니다.

우리를 '작은 예수'로 만들어 가십니다.

우리를 하나님을 닮은 '거룩한 추적자'로 만들어 가십니다.

2. 하나님의 큰 그림
(욘 1:11-16)

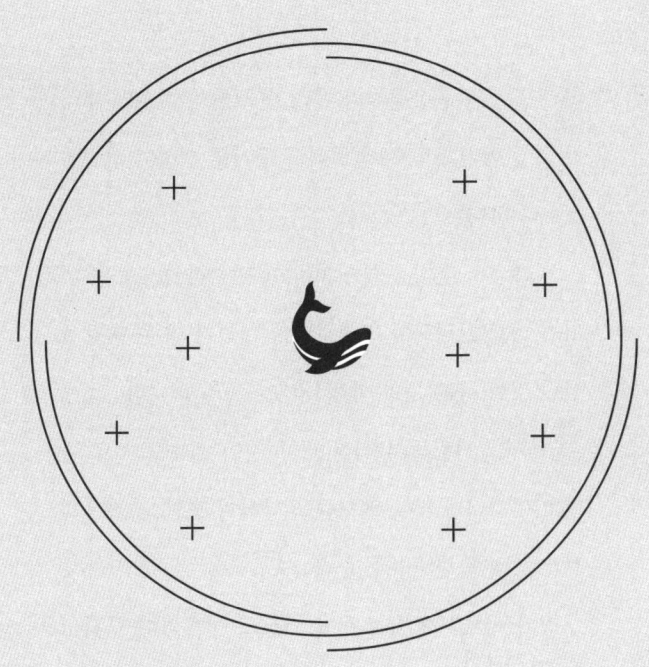

2. 하나님의 큰 그림

(욘 1:11-16)

¹¹ 바다가 점점 흉용한지라 무리가 그에게 이르되 우리가 너를 어떻게 하여야 바다가 우리를 위하여 잔잔하겠느냐 하니

¹² 그가 대답하되 나를 들어 바다에 던지라 그리하면 바다가 너희를 위하여 잔잔하리라 너희가 이 큰 폭풍을 만난 것이 나 때문인 줄을 내가 아노라 하니라

¹³ 그러나 그 사람들이 힘써 노를 저어 배를 육지로 돌리고자 하다가 바다가 그들을 향하여 점점 더 흉용하므로 능히 못한지라

¹⁴ 무리가 여호와께 부르짖어 이르되 여호와여 구하고 구하오니 이 사람의 생명 때문에 우리를 멸망시키지

> 마옵소서 무죄한 피를 우리에게 돌리지 마옵소서 주 여호와께서는 주의 뜻대로 행하심이니이다 하고
> ¹⁵ 요나를 들어 바다에 던지매 바다가 뛰노는 것이 곧 그친지라
> ¹⁶ 그 사람들이 여호와를 크게 두려워하여 여호와께 제물을 드리고 서원을 하였더라(욘 1:11-16).

2019년 상반기 개봉했던 영화 중 가장 흥행했던 작품인 '어벤저스 엔드게임'이라는 영화입니다. 우리나라에서만 1,400만 명이 이 영화를 봤다고 합니다. 세계적으로도 큰 흥행을 거둬서 3조 1천억 원에 가까운 수익을 냈습니다. 대단한 영화입니다. 이 영화가 왜 이렇게 흥행했을까요?

여러 가지 이유가 있겠지만 개인적인 생각으로는 이번 영화가 '어벤저스 시리즈'의 마지막 작품이라는 기대감 때문이 아닐까 싶습니다.

어벤저스를 만든 마블 제작사는 11년 동안 큰 그림을 그렸습니다. 장장 20편이 넘는 시리즈물을 제작하면서 스토리를 이어왔습니다. 그래서 이번 어벤저스 마지

막 편을 보기 위해 어떤 분들은 일주일 동안 지난 20여 편을 연달아 본 분들도 있다고 합니다. 그만큼 사람들이 마지막 작품에 대한 궁금증과 기대감이 있었습니다.

'어벤저스 시리즈' 마지막의 큰 그림이 어떻게 완성될지, 결말이 어떻게 될지, 어떠한 반전이 있을지, 두근거리는 마음으로 영화를 본 것입니다. 결과적으로 사람들은 영화의 큰 그림에 만족했고 또 큰 그림 안에 있는 반전에 짜릿함을 느꼈던 것이지요.

저도 이 영화를 재밌게 봤습니다. 우선 극장에서 1만 원으로 3시간을 즐겼기 때문에 돈이 아깝지가 않았습니다. 무엇보다 영화를 보고나서 11년 동안 큰 그림을 그린 마블 제작사가 대단하게 느껴졌습니다. 스토리를 이어가는 것도 쉽지 않았을 텐데 주인공들의 캐릭터를 잘 살리면서 재미와 감동까지 선사한 마블 제작사에게 박수를 쳐주고 싶었습니다.

그와 동시에 저는 목회자라 그런지 몰라도 마블 제작사보다 큰 그림을 더 잘 그리시는 하나님이 떠올랐습니다. 마블 제작사도 대단하지만, 하나님이 그리시는 큰 그림은 더 대단하다는 생각을 했습니다.

우리 하나님만큼 큰 그림을 잘 그리시는
을까요?

하나님은 세상의 시작과 끝을 다 알고 계십니다. 세상을 창조하시고 세상을 끝내시기까지 큰 그림을 다 그리고 계십니다. 인간의 역사도 하나님의 큰 그림 안에 있습니다.

그래서 역사를 영어로 'his·tory' 라고 하지 않습니까?

그의 이야기는 바로 '하나님 이야기,' '예수님 이야기' 입니다. 이것이 역사죠. 나아가 우리 한 사람, 한 사람의 역사도 하나님의 큰 그림 안에 있습니다.

영국의 청교도 목회자인 아더 핑크 목사님이 쓰신 책 『하나님의 주권』(*The Sovereignty of God*, 2004)에 나오는 부분을 소개합니다.[6]

> 전능하신 주 하나님이 통치하신다. 그분은 무생물을 통치하시며, 동물을 통치하시며, 인간을 통치하시며, 선한 천사들과 사탄을 통치하신다. 그 어떤 행성도, 그 어떤 별빛도, 그 어떤 폭풍도, 그 어떤 피조물의 움직임도, 그 어떤 인간의 행동도, 그 어떤 천사의 사명도,

마귀의 그 어떤 짓도, 온 우주의 그 무엇도 하나님이 영원 전에 목적하신 일 외에는 아무것도 일어나게 하지 못한다. 이것이 우리의 믿음의 기초다. 이것이 지성의 안식처이다. 하나님은 자신의 기쁜 뜻대로, 자신의 영원한 영광을 위해 세상을 다스리신다.

하나님이 모든 것을 통치하시고 다스리신다는 내용입니다. 하나님이 큰 그림을 그리신다는 내용이죠. 이것을 신학적인 용어로 '하나님의 주권'이라고 합니다.

주의해야 할 것은, 하나님이 큰 그림을 그리신다고 해서 사람의 선택이 의미 없는 것은 아닙니다. 사람의 의지와 선택은 중요합니다. 그리고 그 선택에 대해서는 책임을 져야 합니다. 그럼에도 하나님은 사람의 선택에 따라 큰 그림을 바꾸시지 않습니다. 사람은 선택을 하지만 하나님은 그 선택까지도 포함해 주권적으로 일하십니다.

사실 하나님의 주권을 온전히 이해하기는 어렵습니다. 하나님이 우리에게 알려주신 분량만큼만 아는 거죠. 우리는 한계를 인정해야 합니다. 우리는 피조물이고 하나님은 창조주이십니다. 우리는 죄로 물들었고 하나님은 완전하십니다. 우리가 다 이해할 수 있는 하나님이라면 하나님을 섬길 필요가 있을까요?

사람의 생각 안에서 움직이시는 분이라면 그분이 하나님일까요?

우리가 다 이해할 수 없지만 하나님은 지금도 다스리시고 세상 끝날까지 하나님의 계획대로 이뤄 가신다는 것을 믿음으로 바라볼 수 있습니다.

하나님은 하나님의 뜻대로 큰 그림을 그리십니다.

요나를 통해서도 큰 그림을 그리시는 하나님을 만날 수 있습니다.

요나서는 하나님으로 시작해서 하나님으로 끝납니다. 요나서 1장 처음 말씀하신 분도 하나님이요, 4장 마지막에 말씀하시는 분도 하나님입니다. 요나 1: 4에서 큰 폭풍을 보내신 분도 하나님이요, 17절에서 물고기를 예비하신 분도 하나님입니다.

이처럼 요나의 삶에 큰 그림을 그리시는 분이 하나님입니다.

구체적으로 어떤 큰 그림을 그리십니까?

1. 사람을 살리는 큰 그림을 그리십니다

요나는 니느웨로 가라는 하나님의 명령에 순종하기가 어려웠습니다. 그래서 니느웨가 아닌 반대쪽으로 도망갔지요. 멀리 다시스, 지금의 스페인으로 배를 타고 도망갑니다. 오늘날로 말하면 일본으로 가라고 했더니 반대편 저 멀리 미국으로 이민을 간 것과 마찬가지입니다. 결국 요나는 도망가는 배에서 폭풍을 만나고 위기에 처하게 됩니다. 이러한 폭풍 가운데 요나를 통해 사람을 살리는 하나님의 큰 그림을 볼 수 있습니다.

> 요나를 들어 바다에 던지매 바다가 뛰노는 것이 곧 그친지라 그 사람들이 여호와를 크게 두려워하여 여호와께 제물을 드리고 서원을 하였더라(욘 1:15-16).

요나를 폭풍 속 바다에 던지자 바다가 잠잠해졌습니다. 그것을 보고 배에 있던 사람들이 어떻게 했다고 기록돼 있습니까?

"크게 두려워하여 여호와께 제물을 드리고 서원을 하

였다."

새번역성경과 현대인의성경은 이렇게 번역했습니다.

> 사람들은 주님을 매우 두려워하게 되었으며, 주님께 희생제물을 바치고서, 주님을 섬기기로 약속하였다
>
> (욘 1:16, 새번역성경).

> 이것을 본 선원들은 여호와를 크게 두려워하며 그에게 제사를 드리고 그를 섬기겠다고 서약하였다
>
> (욘 1:16, 현대인의성경).

배에 있는 선원들이 하나님을 두려워하고 하나님을 섬기겠다고 약속했습니다.

여기서 선원들은 이방인을 상징합니다. 하나님을 믿지 않던 사람들이지요. 우상을 섬기던 자들이 배에 있는 선원들이었습니다.

요나 1:5을 보시면 폭풍이 불자, 선원들이 각자가 섬기는 신께 도와 달라고 부르짖는 장면이 나옵니다.

선원들이 두려워하여 각자 자기가 섬기는 신에게 도와달라고 부르짖고(욘 1:5, 현대인의성경).

다른 신을 섬기던 이방인들이 이제 요나를 통해 하나님을 섬기게 됐습니다.

요나를 통해 하나님을 만나는 역사가 일어난 것이죠.

요나는 다시스로 갈 계획이었지만 그 계획이 무너졌습니다. 그러나, 요나는 자신의 계획이 무너진 그곳에서 하나님의 계획에 동참하게 됩니다. 요나는 폭풍 속에서 하나님의 일하심을 경험하게 된 것입니다. 요나를 통해 이방인 선원들이 하나님을 만나게 되는 놀라운 역사가 일어난 겁니다.

우리의 삶도 마찬가지입니다. 우리의 계획이 무너지는 곳에 하나님의 계획이 시작됩니다. 인생의 폭풍을 만난 그곳에 하나님의 일하심이 나타납니다.

구체적으로 어떤 하나님의 계획, 어떤 하나님의 일하심이 나타납니까?

사람을 살리는 일, 사람을 살리는 역사가 일어난다는 겁니다.

하나님은 우리의 인생의 큰 그림을 그리실 때 나만 구원 받고 천국에 오기를 원하지 않으십니다. 나를 통해 한 사람이라도 더 하나님을 알고, 한 사람이라도 더 영원한 생명을 누리기를 원하십니다.

저는 대학 시절 예수님을 인격적으로 만나고 정말 행복했습니다. 영원한 생명을 얻었다는 확신과 예수님이 지금 나와 함께한다는 사실에 감격했습니다.

'성경이 꿀송이처럼 달다'라는 말의 의미를 그때 깨달았습니다. 반지하 자취방에서 성경을 묵상하며 하나님과 교제하던 그 시간이 얼마나 행복했는지 모릅니다. 가난하고 미래가 불투명한 청년이었지만 성경을 읽으며 하나님과 교제하는 그 시간은 작은 천국이었습니다. 작은 자취 방안에 하나님의 임재로 가득했던 그 시절을 잊지 못합니다.

또한 교회 소그룹 모임은 얼마나 즐거웠는지 모릅니다. 예배 후 떡볶이와 순대 등 간식을 먹으며 진실하게 삶을 나누고 기도해 주는 공동체가 있다는 것만으로도 주일이 기다려졌습니다. 교회의 건강한 소그룹 모임 덕분에 믿음의 뿌리를 내릴 수 있었습니다.

예배의 은혜도 잊을 수 없습니다. 말씀을 듣고 전심으로 찬양하며 기도하는 예배 시간을 통해 하나님을 뜨겁게 만났습니다. 눈물로 드리는 예배를 통해 하나님 앞에 완전히 깨어지고 낮아지는 시간이었습니다.

그렇게 하나님은 저를 찾아와 주셨고 은혜를 주셨으며, 삶의 방향을 완전히 하나님께로 돌려놓으셨습니다. 돌아보면 참으로 행복한 시간이었지만, 한편 괴로움도 있었습니다.

사랑하는 가족들을 생각하니 절로 눈물이 났습니다. 나는 이제 영생을 얻고 천국을 소망하는데, 예수님을 모르는 가족들을 천국에서 만나지 못할 것을 생각하니 정말 괴로웠습니다.

그래서 하나님께 날마다 눈물로 무릎으로 기도했습니다.

"하나님 제발 저희 가족을 살려 주세요. 하나님 제발 저희 가정을 구원해 주세요."

그렇게 기도하기를 1, 2, 3, 4, 5년이 지났지만 가족들은 여전히 하나님 품으로 돌아올 기미가 보이지 않았습니다. 날마다 똑같은 기도를 드리는데 가족들의 반응이 없으니 힘이 빠질 때도 많았습니다.

"하나님의 사랑을 모르고, 예수님의 복음을 모르고 돌아가시면 어떻게 하지?"

시간이 갈수록 간절하게 기도했습니다.

아버지께서 당뇨병으로 건강이 악화되는 시기가 오자 이런 기도까지 했습니다.

"하나님, 저를 데려가셔도 좋은데, 제발 가족을 구원해 주세요. 저는 지금 죽어도 괜찮은데 저희 아버지는 아직 예수님을 몰라요. 제발 저희 아버지와 가족들을 구원해 주세요."

눈물로 기도한 지 6년쯤 됐을까요?

하나님의 놀라운 은혜로 어머니께서 먼저 하나님 품으로 돌아왔습니다. 뒤이어 완고했던 아버지께서도 두 손, 두 발 드시고 하나님 품으로 돌아왔습니다. 얼마 지나지 않아 여동생과 함께 살던 외할머니까지 모두 주님 품으로 돌아왔습니다. 저희 가족 5명 모두 하나님의 품으로 돌아오던 날 세상을 다 가진 기분이었습니다. 얼마나 감격스러웠는지 모릅니다.

온 가족이 둥그렇게 둘러앉아 하나님 앞에 함께 기도

했을 때가 기억납니다. 저는 속으로 이렇게 외쳤습니다.

"하나님 저는 이제 죽어도 여한이 없습니다. 남은 인생은 덤으로 사는 인생이니 주님 마음대로 사용해 주세요. 주님이 원하시는 대로 저를 마음껏 사용해 주세요."

하나님이 우리에게 오늘을 허락하신 이유가 무엇일까요?

왜 이렇게 죄악 가운데, 유혹 가운데, 싸움이 있는 곳에, 질병이 있는 이 땅을 살아가게 하십니까?

바로 천국에 데려가시지 않고 왜 오늘을 허락하셨습니까?

그것은 바로, 아직 할 일이 남아 있기 때문입니다. 나를 통해 복음을 들어야 할 사람들이 있기 때문입니다.

나를 통해 예수님을 만나게 될 한 사람이 있기 때문이죠. 나를 통해 살아날 영혼이 있기 때문입니다. 하나님은 사람을 살릴 큰 그림을 그리고 계십니다. 구원의 큰 그림을 그리십니다.

내가 원하는 학교, 내가 원하는 직장, 내가 원하는 결혼보다 중요한 것은, 하나님의 큰 그림입니다. 하나님은 지금 내가 서 있는 자리에서 사람을 살릴 계획을 가지고 계십니다. 하나님은 내가 구원 받고 영생을 누리는 것을 넘어 나를 통해 구원의 역사를 이어가시는 그림을 그리고 계십니다.

내 뜻대로 다 이뤄지는 것이 성공적인 삶이 아닙니다. 하나님의 뜻, 하나님의 큰 그림에 동참하는 것이 성공적인 삶입니다. 우리 삶에 큰 그림을 그리시는 하나님을 신뢰하시기 바랍니다. 하나님은 사람을 살릴 큰 그림을 그리십니다.

한걸음 더 나아가 하나님은 요나를 통해 어떤 큰 그림을 그리실까요?

2. 예수님을 생각나게 하는 큰 그림을 그리십니다

하나님은 예수님을 생각나게 하는 큰 그림을 그리십니다.

사실 요나서를 보면서 예수님이 생각나지 않는다면 요나서는 큰 의미가 없습니다. 요나서는 우리에게 크고 작은 교훈들을 주지만 핵심은 예수님과 연결돼 있습니다.

예수님을 생각나게 한다는 것입니다.

요나를 보면서 예수님이 생각나지 않고 복음을 발견하지 못한다면 요나서를 아무리 쪼개고 연구한다 하더라도 '앙꼬 없는 찐빵'이 되는 것입니다. 요나서를 해석하는 수많은 방법들이 있지만 '구속사적 해석'으로 바라보지 않으면 핵심을 놓치게 됩니다.

'위키백과'에서 구속사를 이렇게 정의합니다.

> 기독교에서 창세전부터 정하신 하나님의 작정에 따라 예수 그리스도의 죽으심과 부활을 중심으로 타락한 죄인들을 구원하는 전 역사를 가리킨다(위키백과).

하나님의 작정에 따라 예수님의 죽음과 부활을 중심으로 구원하는 전 역사, 예수님을 통해 구원하시는 하나님의 역사를 구속사라고 합니다.

자 그렇다면 요나서 어느 부분에서 예수님이 생각납니까?

먼저 14절입니다.

> 무리가 여호와께 부르짖어 이르되 여호와여 구하고 구
> 하오니 이 사람의 생명 때문에 우리를 멸망시키지 마옵
> 소서 무죄한 피를 우리에게 돌리지 마옵소서(욘 1:14).

배에 탄 선원들이 요나를 바다에 던지기 전에 어떻게 했습니까?

"우리는 죄가 없습니다. 무죄한 피를 우리에게 돌리지 마옵소서" 하고 이방인 선원들이 요나를 바다에 내어 주었지요?

누가 생각납니까?

예수님을 십자가에 내어준 이방인 빌라도가 생각나지 않습니까?

> 빌라도가 아무 성과도 없이 도리어 민란이 나려는 것을
> 보고 물을 가져다가 무리 앞에서 손을 씻으며 이르되
> 이 사람의 피에 대하여 나는 무죄하니 너희가 당하라
> (마 27:24).

빌라도가 예수님을 십자가에 내어줄 때 뭐라고 했

습니까?

"저는 죄가 없습니다" 하고 예수님을 십자가에 내어줬지요. 요나를 바다에 내어주었던 이방인들과 예수님을 십자가에 내어주었던 이방인 빌라도가 중첩됩니다.

이뿐입니까?

요나가 바다에 던져졌듯이 예수님도 십자가에 던져지셨습니다.

요나가 물고기 안에서 3일 후에 나왔듯이, 예수님도 3일 만에 부활하셨습니다.

요나를 통해 이방인 선원들이 목숨을 구원했듯이, 예수님을 통해 이방 사람인 우리가 구원을 얻었습니다.

차이점이 있다면, 요나는 자신의 죄 때문에 죽음을 맞이했지만 예수님은 죄가 없으셨습니다. 요나는 불순종으로 바다에 던져졌지만 예수님은 인간의 죄 때문에 죽음을 선택하셨습니다.

이처럼 요나서를 통해 십자가에 죽으시고 부활하신 예수님을 떠올릴 수 있습니다.

예수님도 직접 요나서를 언급하셨습니다.

그 때에 서기관과 바리새인 중 몇 사람이 말하되 선생님이여 우리에게 표적 보여주시기를 원하나이다 예수께서 대답하여 이르시되 악하고 음란한 세대가 표적을 구하나 선지자 요나의 표적 밖에는 보일 표적이 없느니라 요나가 밤낮 사흘 동안 큰 물고기 뱃속에 있었던 것 같이 인자도 밤낮 사흘 동안 땅 속에 있으리라
(마 12:38-40).

서기관과 바리새인들이 예수님께 표적을 구했습니다. 예수님이 뭐라고 대답했습니까?

요나의 표적밖에 없다고 하셨습니다. 구약에 수많은 표적과 기적들이 있습니다. 홍해가 갈라지고, 만나와 메추라기가 내렸고, 불기둥과 구름기둥도 있고, 엘리야의 불심판도 있고, 다니엘의 사자굴도 있습니다. 수많은 표적과 기적들이 있었지요.

그런데, 왜 요나의 표적밖에 없다고 하십니까?

서기관과 바리새인들은 성경을 아는 자들이었습니다. 구약성경을 잘 알고, 메시아를 기다리던 사람들이었습니다. 요나서를 달달 외우고 있었을지 모릅니다. 그럼에

도 요나서가 가리키는 예수님은 몰랐습니다. 눈앞에 메시아로 오신 예수님을 보고도 믿지 못한 것입니다.

왜 그랬습니까?

자신들이 생각하는 메시아가 아니었습니다. 성경이 말한 메시아를 기다린 것이 아니라 자신들의 상상 속의 메시아를 기다린 것입니다. 이들이 기다린 메시아는 다윗처럼 왕으로 군림해 통일 왕국을 건설하는 메시아였습니다.

큰 군대를 몰고 예루살렘으로 나아가서 종교적, 정치적, 군사적인 지도자가 되는 메시아를 기다린 것입니다. 이러한 메시아를 기다리던 자들에게 예수님의 모습은 전혀 자신들이 기다리던 메시아가 아니었던 것입니다. 그래서 표적과 기적을 요구한 것입니다.

그런데, 예수님은 요나의 표적만을 이야기하셨습니다. 왜 요나의 표적을 말씀하셨습니까?

요나의 표적이 메시아로 오신 예수님을 가장 잘 나타내기 때문 아닙니까?

예수님의 십자가와 부활을 가장 잘 나타내기 때문 아니겠습니까?

예수님은 요나의 표적을 통해 자신이 십자가에 죽고 3일 만에 부활할 것을 말씀하신 것입니다. "성경에 기록된 메시아가 바로 나다. 요나서가 알려주는 것이 바로 나다. 내가 메시아고 내가 왕이고 내가 예수님이다"라고 말씀하시는 겁니다.

그렇기 때문에 성경을 알아도 성경이 말씀하는 예수님을 모르면 아무것도 모르는 겁니다. 교회를 다녀도 인격적으로 예수님을 만나지 못하면 아무 소용 없다는 거죠.

> 너희가 성경에서 영생을 얻는 줄 생각하고 성경을 연구하거니와 이 성경이 곧 내게 대하여 증언하는 것이니라 그러나 너희가 영생을 얻기 위하여 내게 오기를 원하지 아니하는도다(요 5:39-40).

성경이 누구에 대해 증언한다고 기록돼 있습니까?

예수님입니다. 그런데, 성경을 연구하면서도 예수님을 모르고 예수님을 믿지 않는다는 것입니다. 불행한 일 아닙니까? 성경이 예수님을 증언하는데 성경을 보면서도 예수님을 모르니 그야말로 불행한 사람들입니다.

이 시대의 이단 사이비들이 그렇지 않습니까?

성경을 연구하고 성경을 가지고 이야기하지만 성경이 말씀하는 예수님에 대한 지식이 완전히 잘못돼 있습니다. 물론 교회 안에도 예수님을 잘 모르는 분들이 많습니다.

> 유대인은 표적을 구하고 헬라인은 지혜를 찾으나 우리는 십자가에 못 박힌 그리스도를 전하니 유대인에게는 거리끼는 것이요 이방인에게는 미련한 것이로되 오직 부르심을 받은 자들에게는 유대인이나 헬라인이나 그리스도는 하나님의 능력이요 하나님의 지혜니라(고전 1:22-24).

유대인은 표적을 구하고 헬라인은 지혜를 찾으나 바울과 제자들은 십자가에 죽으시고 부활하신 예수님을 전했습니다. 성경이 초점을 맞추고 있는 메시아가 바로 예수님이기 때문에 그렇습니다. 성경의 핵심이 예수 그리스도입니다. 예수님이 능력이고 예수님이 진정한 지혜입니다.

그렇다고 해서 요나가 예수님이라는 이야기는 아닙니다. 요나는 불완전한 사람이었습니다. 세상 사람들이 볼 때 요나는 바다에 빠져 심판을 받은 사람입니다. 하지만, 하나님은 불완전한 요나를 통해 예수님의 죽음과 부활을 설명하는 도구로 사용하셨습니다. 하나님은 이렇게 큰 그림을 그리십니다.

우리 삶도 마찬가지입니다. 하나님은 불완전한 요나를 사용하셨듯이 불완전한 우리를 사용하십니다. 예수님을 생각나게 하는 사람으로 우리를 만들어 가십니다.

믿음의 조상 아브라함도 불완전했습니다. 자기 아내를 누이라 속였던 거짓말쟁이였습니다. 그런데, 아브라함이 아들 이삭을 바치는 모습을 통해 독생자 예수님을 생각나게 하는 인물로 쓰임 받습니다.

노아는 어떻습니까?

술 취해서 가족들에게 수치를 드러낸 인물이 아니었습니까?

그런데, 구원의 방주를 만들어, 진정한 구원의 방주인 예수님을 생각나게 하는 인물로 쓰임을 받았습니다.

베드로는 어떤가요?

예수님을 세 번이나 부인했던 사람입니다. 그런데, 베

드로를 통해 초대교회의 부흥의 역사가 일어났지요. 이름대로 반석이신 예수님을 생각나게 하는 사람으로 쓰임 받았습니다.

하나님은 우리의 실수, 우리의 연약함, 우리의 실패, 우리의 잘못된 판단에도 불구하고 합력해 선으로 이끄십니다.

> 우리가 알거니와 하나님을 사랑하는 자 곧 그의 뜻대로 부르심을 입은 자들에게는 모든 것이 합력하여 선을 이루느니라(롬 8:28).

그렇다고 의도적으로 잘못을 저지르라는 이야기는 아닙니다. 마음대로 살라는 이야기는 더더욱 아닙니다. 그것은 하나님을 기만하는 것입니다.

이 말씀의 의미는 무엇입니까?

하나님이 우리 인생의 약한 부분까지도 사용하셔서 선하게 이끄신다는 뜻입니다. 나는 실수가 있어도 하나님은 실수가 없으신 분이라는 뜻이지요. 여러분 중에 누군가는 자신을 불량품이라고 생각할지 모르지만, 하나님은 결코 불량품을 만들지 않으십니다.

하나님은 불완전한 요나를 통해 예수님을 생각나게 하셨던 것처럼 우리를 통해 예수님을 드러내기 원하십니다. 이것이 하나님의 큰 그림입니다.

하나님은 사람을 살리는 큰 그림을 그리십니다. 오늘 우리를 살려 놓으신 이유는 다름 아닌 사람을 살리는 그림을 완성하기 위함입니다. 우리를 통해 살아날 한 사람이 있기 때문이죠.

하나님은 큰 그림을 그리십니다. 예수님을 생각나게 하는 사람으로 만들어 가십니다. 우리가 예수님처럼 낮아지고 헌신하고 죽어지기를 원하십니다. 우리를 통해 예수님을 드러내십니다.

요나의 삶을 사용하셨던 하나님이 우리의 삶도 사용하실 줄 믿습니다.

하나님의 큰 그림에 기쁨으로 동참하는 우리가 되기를 바랍니다.

3. 하나님이 허락하신 고난
(욘 2:1-10)

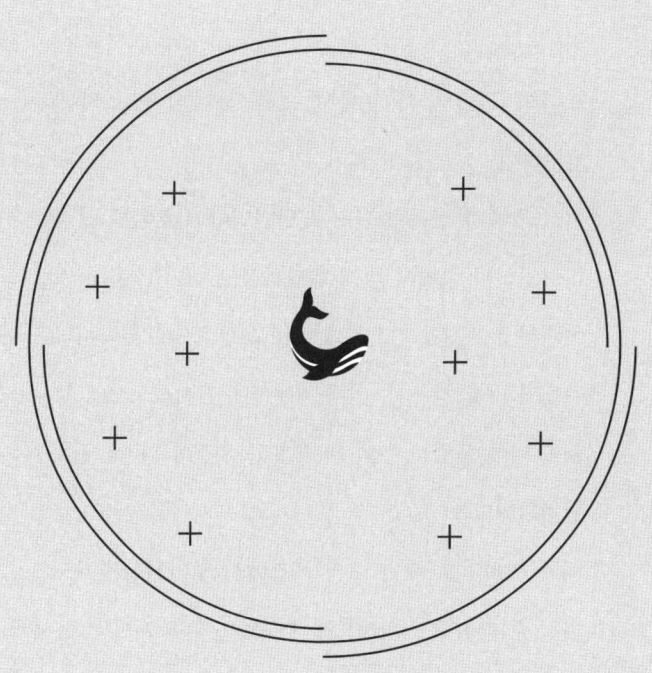

3. 하나님이 허락하신 고난

(욘 2:1-10)

¹ 요나가 물고기 뱃속에서 그의 하나님 여호와께 기도하여

² 이르되 내가 받는 고난으로 말미암아 여호와께 불러 아뢰었더니 주께서 내게 대답하셨고 내가 스올의 뱃속에서 부르짖었더니 주께서 내 음성을 들으셨나이다

³ 주께서 나를 깊음 속 바다 가운데에 던지셨으므로 큰 물이 나를 둘렀고 주의 파도와 큰 물결이 다 내 위에 넘쳤나이다

⁴ 내가 말하기를 내가 주의 목전에서 쫓겨났을지라도 다시 주의 성전을 바라보겠다 하였나이다

⁵ 물이 나를 영혼까지 둘렀사오며 깊음이 나를 에워싸

고 바다 풀이 내 머리를 감쌌나이다

⁶ 내가 산의 뿌리까지 내려갔사오며 땅이 그 빗장으로 나를 오래도록 막았사오나 나의 하나님 여호와여 주께서 내 생명을 구덩이에서 건지셨나이다

⁷ 내 영혼이 내 속에서 피곤할 때에 내가 여호와를 생각하였더니 내 기도가 주께 이르렀사오며 주의 성전에 미쳤나이다

⁸ 거짓되고 헛된 것을 숭상하는 모든 자는 자기에게 베푸신 은혜를 버렸사오나

⁹ 나는 감사하는 목소리로 주께 제사를 드리며 나의 서원을 주께 갚겠나이다 구원은 여호와께 속하였나이다 하니라

¹⁰ 여호와께서 그 물고기에게 말씀하시매 요나를 육지에 토하니라(욘 2:1-10).

2019년 3월 31일 서울신문에 올라온 기사입니다.

중국 장시성(江西省)에 거주하는 한 여성이 엘리베이터에 갇혔다는 내용이었습니다.

이 여성은 아파트 매매를 위해 매물을 보러갔습니다.

엘리베이터를 타고 30층으로 올라가던 중 26층에서 엘리베이터가 고장났습니다. 핸드폰도 작동하지 않았고 비상벨도 눌러지지 않았다고 합니다. 이 여성은 죽음의 공포가 엄습하자 핸드폰 메모장에 남편을 향한 유서도 썼다고 합니다. 유서 내용은 이랬습니다.

> 내가 죽고 나면 당신이 이 메시지를 볼 수 있을지 모르겠습니다. 함께 사는 동안 당신을 진심으로 사랑했습니다. 내 남편이 돼 줘서 고맙다는 말을 하지 못했는데 진심으로 고맙습니다. 내가 죽고 나면 좋은 여자를 만나서 재혼해 행복하게 사십시오.

이렇게 죽음을 생각하며 유서를 남긴 여성은 감사하게도 21시간 만에 구출됐고 남편에게 직접 고마운 마음을 전했다고 합니다.

고장난 엘리베이터에 21시간 갇혔다고 생각해 보십시오.

얼마나 무서웠겠습니까?

깜깜한 엘리베이터에 1시간도 아니고 21시간은 상상

하기가 힘듭니다.

그런데, 오늘 본문에 엘리베이터는 아니지만 이와 비슷한 고난을 당한 요나가 등장합니다. 큰 물고기 뱃속에 삼켜졌습니다. 보통 고난이 아닙니다. 상상력을 다 동원해 보십시오. 물고기 뱃속에 갇힌 요나!

숨은 제대로 쉴 수 있었을까요?

아마 숨쉬기도 어려웠을 것입니다.

움직일 수 있었을까요?

꼼짝도 못할 만큼 갑갑했겠지요.

쾌적했을까요?

지독한 냄새가 나고 더러웠을 것입니다.

빛은 들어왔을까요?

앞이 보이지 않을 정도로 깜깜했을 것입니다.

여기서 이대로 죽을 수밖에 없다는 공포가 엄습하지 않았겠습니까?

우리가 깜깜한 엘리베이터에 혼자 갇혔다고 생각만 해도 무서운데, 엘리베이터보다 더 좁고, 엘리베이터보다 훨씬 더럽고, 비상벨도 없고, 핸드폰도 없는 물고기 뱃속에 갇혔다고 생각해 보십시오. 상상만 해도 등골이 오

싹합니다.

누구도 이런 고난을 당하고 싶은 분은 없을 것입니다. 이런 고난은 피하고만 싶습니다. 그런데, 요나가 이러한 고난에 처한 것입니다.

> 여호와께서 이미 큰 물고기를 예비하사 요나를 삼키게 하셨으므로 요나가 밤낮 삼 일을 물고기 뱃속에 있으니라(욘 1:17).

요나가 물고기 뱃속에 갇혀 있습니다.

그런데, 누가 큰 물고기를 예비했나요?

누가 물고기 뱃속으로 요나를 넣었습니까?

바로, 하나님입니다. 하나님은 물고기를 예비하사 요나를 삼키게 했습니다. 요나를 고난의 터널로 밀어 넣은 거죠.

육신의 아버지가 자식을 사랑하듯 하나님은 자신의 자녀들을 사랑하십니다. 그래서 자녀들이 원하는 것을 들어주시는 분입니다. 하지만, 때로는 자녀들을 사랑하사 원하지 않는 고난도 허락하십니다.

그 고난을 통해 하나님을 바라보게 하고 하나님만 의지하게 하십니다. 고난을 통해 성숙한 하나님의 사람으로 만들어 가시는 겁니다.

물고기 뱃속에 갇힌 요나처럼 하나님이 허락하신 고난을 겪고 계시는 분들이 있을 것입니다.

요나처럼 숨은 쉬고 있지만 가슴이 정말 답답한 분들도 계실 것입니다. 요나처럼 몸은 움직이고 있지만 사방 꽉 막혀 있는 것 같은 상황에 처한 분들도 있을지 모르겠습니다. 요나처럼 미래가 보이지 않아 암흑 속에 있는 것 같은 분들도 계실 것입니다.

고난 가운데 있는 요나를 통해 우리에게 주시는 영적인 교훈을 살펴봅니다.

하나님이 허락하신 고난을 만났을 때 어떻게 해야 할까요?

1. 말씀을 기억하며 기도해야 합니다

요나서 2장은 물고기 뱃속에서 요나가 기도한 내용입

니다. 요나는 절망스러운 상황에서 하나님께 부르짖었습니다. 중요한 것은 기도의 내용입니다.

요나가 기도한 내용이 성경 시편과 얼마나 비슷한지 알고 계십니까?

요나는 시편을 줄줄 외우고 있었던 것으로 보입니다. 하나님의 말씀을 누구보다 잘 알고 있었던 것으로 추측할 수 있습니다. 요나의 기도와 시편을 비교하면서 한번 살펴보겠습니다.

> 이르되 내가 받는 고난으로 말미암아 여호와께 불러 아뢰었더니 주께서 내게 대답하셨고(욘 2:2).
> **내가 환난 중에 여호와께 부르짖었더니 내게 응답하셨도다(시 120:1).**
>
> 주께서 나를 깊음 속 바다 가운데에 던지셨으므로 큰 물이 나를 둘렀고 주의 파도와 큰 물결이 다 내 위에 넘쳤나이다(욘 2:3).
> **주의 폭포 소리에 깊은 바다가 서로 부르며 주의 모든 파도와 물결이 나를 휩쓸었나이다(시 42:7).**

내가 말하기를 내가 주의 목전에서 쫓겨났을지라도 다시 주의 성전을 바라보겠다 하였나이다(욘 2:4).

내가 놀라서 말하기를 주의 목전에서 끊어졌다 하였사오나 내가 주께 부르짖을 때에 주께서 나의 간구하는 소리를 들으셨나이다(시 31:22).

물이 나를 영혼까지 둘렀사오며 깊음이 나를 에워싸고 바다 풀이 내 머리를 감쌌나이다(욘 2:5).

물들이 내 영혼에까지 흘러 들어왔나이다 나는 설 곳이 없는 깊은 수렁에 빠지며 깊은 물에 들어가니 큰 물이 내게 넘치나이다(시 69:1-2).

내가 산의 뿌리까지 내려갔사오며 땅이 그 빗장으로 나를 오래도록 막았사오나 나의 하나님 여호와여 주께서 내 생명을 구덩이에서 건지셨나이다(욘 2:6).

여호와여 주께서 내 영혼을 스올에서 끌어내어 나를 살리사 무덤으로 내려가지 아니하게 하셨나이다(시 30:3).

내 영혼이 내 속에서 피곤할 때에 내가 여호와를 생각하였더니 내 기도가 주께 이르렀사오며 주의 성전에 미쳤나이다(욘 2:7).

내가 환난 중에서 여호와께 아뢰며 나의 하나님께 부르짖었더니 그가 그의 성전에서 내 소리를 들으심이여 그의 앞에서 나의 부르짖음이 그의 귀에 들렸도다(시 18:6).

나는 감사하는 목소리로 주께 제사를 드리며 나의 서원을 주께 갚겠나이다 구원은 여호와께 속하였나이다 하니라(욘 2:9).

구원은 여호와께 있사오니 주의 복을 주의 백성에게 내리소서(시 3:8).

요나는 여러 시편을 인용해 기도하고 있습니다. 특히 시편 3장 마지막과 요나의 기도 마지막은 단어 하나 틀리지 않고 동일합니다.

"예슈아 예호바" = "구원은 여호와께 속하였습니다."

요나는 자신의 원대로 기도한 것이 아니라 말씀을 기억하며 기도했습니다.

요나의 기도는 말씀의 기도였습니다.

요나의 삶에 성경 말씀이 가득했음을 알 수 있습니다.

우리의 기도는 어떻습니까?

과연 말씀으로 기도하고 계십니까?

모든 종교는 기도합니다. 우리만 기도하는 것이 아닙니다.

불교도 기도하고 이슬람도 기도하고 이단들도 기도하고 사이비들도 기도합니다.

같이 기도하는데 무엇이 다릅니까?

다른 종교는 하나님과의 인격적인 관계가 없습니다. 일방적인 기도라고 할 수 있습니다. 친밀한 관계가 없다는 겁니다. 하지만, 우리는 하나님과 친밀한 관계 가운데 기도합니다. 하나님 자녀의 신분으로 기도하는 겁니다.

> 영접하는 자 곧 그 이름을 믿는 자들에게는 하나님의 자녀가 되는 권세를 주셨으니(요 1:12).

하나님과 관계는 오직 예수 그리스도를 통해서만 가능합니다.

그래서 우리의 기도는 자녀의 신분으로 친밀한 관계 가운데 기도하는 것입니다.

그렇기 때문에 하나님과 관계없는 기도는 주문에 불과합니다.

안타깝지만 아무리 노력하고 공을 쌓아도 하나님과 관계없는 기도는 '밑 빠진 독에 물 붓는 것'과 같습니다.

또 우리의 기도가 다른 종교의 기도와 어떤 차이점이 있습니까?

다른 종교는 내가 원하는 것을 얻기 위해 신을 뒤흔듭니다. 돈을 내고, 열심을 내고, 공을 들여서 나의 뜻을 관철시키려 합니다. 어떻게든 내가 원하는 복을 받아내려고 합니다.

하지만, 우리의 기도는 어떻습니까?

우리의 기도는 내가 원하는 것을 얻어내기 위한 목적이 아닙니다. 하나님을 뒤흔들어서 하나님의 뜻을 바꾸려고 기도하지 않습니다. 물론 내가 원하는 것을 달라고 기도해야 할 때가 있습니다. 또 하나님 앞에 떼를 쓰는 기도를 하기도 합니다. 하지만, 그것이 기도의 본질이 아닙니다.

기도의 본질은 하나님과 교제입니다. 하나님의 마음을 아는 것입니다. 하나님의 생각은 무엇인지 물어보는 것입니다. 하나님과의 대화가 기도입니다. 그리고 내 뜻을 하나님의 뜻에 순복하는 것이 기도의 최고봉입니다.

바울의 기도를 기억합니다. 바울은 육체의 가시가 있었습니다. 3번이나 하나님께 가시를 해결해달라고 간절히 간구했습니다. 하지만, 원하는 대답을 듣지 못했습니다.

하나님은 오히려 그 가시가 바울에게 있는 편이 더 유익이라고 판단하셨습니다.

> 여러 계시를 받은 것이 지극히 크므로 너무 자만하지 않게 하시려고 내 육체에 가시 곧 사탄의 사자를 주셨으니 이는 나를 쳐서 너무 자만하지 않게 하려 하심이라 이것이 내게서 떠나가게 하기 위하여 내가 세 번 주께 간구하였더니 나에게 이르시기를 내 은혜가 네게 족하도다 이는 내 능력이 약한 데서 온전하여짐이라

하신지라 그러므로 도리어 크게 기뻐함으로 나의 여러 약한 것들에 대하여 자랑하리니 이는 그리스도의 능력이 내게 머물게 하려 함이라(고후 12:7-9).

바울의 간절한 기도에 하나님은 어떻게 응답하셨습니까?

"내 은혜가 네게 족하다"라고 응답하셨습니다. 하나님은 바울이 원하는 대답을 주지 않으셨습니다. 오히려 하나님의 뜻대로 응답하셨습니다.

우리의 경험에 비춰 보더라도 하나님은 우리가 원하는 대로 응답해 주시지 않을 때가 더 많지 않습니까?

인간적인 생각으로는 '바울이 육체의 가시가 없었다면 더 활발히 선교했을 텐데,' '바울이 고침 받았다면 더 큰 간증을 했을 텐데'라고 생각할 수 있습니다.

그런데, 하나님은 "내 은혜가 네게 족하다"라고 응답하셨습니다.

그리고 "내 능력이 약한 데서 온전하여짐이라"라고 말씀하셨습니다.

바울이 어떻게 반응했습니까?

> 그러므로 도리어 크게 기뻐함으로 나의 여러 약한 것들에 대하여 자랑하리니 이는 그리스도의 능력이 내게 머물게 하려 함이라(고후 12:9).

바울이 크게 기뻐했다고 합니다. 오히려 약함을 자랑하며 예수님의 능력을 더 의지했다고 합니다. 하나님의 뜻을 받아들이는 바울의 믿음을 볼 수 있는 대목입니다.

우리는 다른 종교처럼 기도하는 수준에서 벗어나야 합니다. 하나님의 뜻을 구하고 하나님의 말씀으로 기도해야 합니다. 그렇지 않으면 우리의 기도는 주문 수준으로 전락하게 됩니다.

진정한 기도는 하나님의 뜻에 내 뜻을 맞추는 것입니다. 수준 있는 기도는 하나님의 말씀에 내 자아를 복종시키는 것입니다. 하나님을 흔들어 내 뜻을 관철시키려는 것이 아니라, 나를 흔들어 하나님의 사람으로 만들어 가시는 주님의 음성에 순복하시기 바랍니다.

자, 한걸음 더 나아가 하나님이 허락하신 고난을 만났을 어떻게 해야 할까요?

2. 구원의 하나님을 찬양해야 합니다

요나는 지옥과 같은 물고기 뱃속에서 기도했습니다. 요나의 부르짖음은 기도와 동시에 하나님을 향한 찬양이었습니다. 사실 시편 자체가 찬양 아니겠습니까?

요나는 죽음의 위협 가운데 감사하고 있습니다. 목소리로 찬양하고 있습니다.

> 나는 감사하는 목소리로 주께 제사를 드리며 나의 서원을 주께 갚겠나이다 구원은 여호와께 속하였나이다 하니라 여호와께서 그 물고기에게 말씀하시매 요나를 육지에 토하니라(욘 2:9-10).

요나는 "감사의 노래로 주님께 예배를 드리겠다고 합니다." 그리고 "구원은 여호와께 속하였습니다"라며 찬양하고 있습니다. 지금 요나가 물고기 밖에 나와서 찬양한 것이 아닙니다.

물고기 뱃속에서 "짠" 하고 나왔을 때 딱 무릎을 꿇고 두 손을 하늘로 들고 "하나님 감사합니다. 구원의 하나님 찬양합니다. 할렐루야!" 이렇게 해야 그림이 맞는 것 아닙니까?

그런데, 요나는 지금 물고기 뱃속에서 하나님께 감사와 찬양을 올려 드리고 있습니다.

하나님께 먼저 감사하고 찬양한 뒤 요나가 물고기 밖으로 나옵니다.

이 순서가 무엇을 의미합니까?

요나는 자신의 문제가 해결되었다고 찬양한 것이 아니라는 겁니다. 요나는 상황이 나아졌다고 감사한 게 아닙니다. 요나는 이미 구원 받은 것으로 감사하고 있는 것입니다.

하나님이 이미 행하신 구원으로 인해 찬양하는 것입니다.

이미 이루신 구원이 무엇입니까?

죄에서부터 구원입니다. 영원한 사망에서 구원입니다. 형벌에서부터 구원입니다. 예수님을 통해 우리의 영혼이 구원 받은 것을 의미합니다. 요나는 이 구원을 찬양하고 있는 것입니다. 이것이 진정한 감사요, 찬양입니다.

나의 상황이 좋아져서 감사하는 것은 세상 사람들도

다 하는 것입니다. 나의 어떤 문제가 해결돼 찬양하는 것은 다른 종교도 다 하는 것입니다.

저는 매주 찬양을 인도합니다. 수요예배 때도 찬양을 인도합니다. 토요일 새벽에도, 주일에도 찬양을 인도합니다.

그런데, 제가 매번 찬양 인도할 때마다 늘 찬양하고 싶을까요?

늘 제 마음에 감사와 기쁨이 넘칠까요?

늘 성령으로 충만해 찬양의 자리에 서는 걸까요?

매번 성령으로 충만하고 감사와 기쁨이 넘치는 상태면 좋겠지만 실상은 그렇지 못합니다.

몸 상태가 좋지 않은 날도 있습니다. 어떤 날은 마음이 어려운 날도 있습니다. 또 어떤 날은 예배드리기 전에 무슨 일이 생겨서 힘든 날도 있습니다. 이렇게 찬양의 자리에 서기까지 제 마음이 한결같지 않습니다.

그럼에도 불구하고 저는 맡겨진 찬양의 자리에 서야 합니다. 그럴 때마다, 제가 찬양의 자리에 서기 전에 생각하는 것이 있습니다. 늘 기억하는 것이 있습니다. 그것은 바로 이미 행하신 하나님의 일입니다. 이미 이루신 하나님의 구원을 의지적으로 떠올립니다.

나를 사랑하셔서 예수님을 보내신 일, 내 죄를 대신해 예수님을 십자가에 죽이신 일, 십자가에서 3일 만에 부활의 첫 열매로 다시 살아나신 일, 나를 자녀로 입양해 주시고 영원한 생명을 주신 일 등 이미 행하신 하나님의 일을 생각합니다.

이미 이루신 구원을 생각합니다. 이렇게 하나님이 행하신 일을 생각하면 찬양할 마음이 생깁니다. 어떤 상황 속에서도 이 구원의 은혜를 생각하면 찬양할 수 있습니다.

내 문제, 내 기분, 내 상황, 내 환경은 모두 두 번째 문제입니다. 나 같은 죄인 살리신 놀라운 하나님을 생각하면 찬양할 마음이 생기는 것입니다. 이것이 우리가 예배를 드릴 때 가져야 하는 마음의 자세입니다. 우리가 하나님이 이미 이루신 구원으로 인하여 찬양할 때 하나님은 영광 받으십니다. 나아가 우리가 구원의 은혜에 감격해 찬양할 때 우리 영혼은 진정한 감사와 만족을 느끼게 됩니다.

하나님이 이미 이루신 구원으로 인해 감사하고 찬양

하는 예배자가 돼야 합니다. 여기까지 나아가지 못하면 정말 불행한 크리스천입니다.

존 맥아더 목사님의 책 『예배: 우리는 예배드리기 위해 구원받았다』(*Worship : the ultimate priority*, 2013)에 이런 글이 있습니다.[7]

> 당신이 어떻게 예배하는지가 바로 당신의 운명을 보여준다. 하나님의 생명이 참으로 당신 안에 있다면 그것이 진심어린 찬양으로 나타날 것이기 때문이다.

하나님의 생명이 있는 사람은 찬양하지 않을 수 없습니다. 감격하지 않을 수 없습니다. 어떤 상황과 환경에서도 이 구원의 은혜를 인해 찬양할 수 있습니다. 이것이 찬양입니다. 이것이 구원 받은 자들의 반응입니다.

요나가 물고기 뱃속에서 찬양할 때 어떤 일이 일어났습니까?

요나가 물고기 뱃속에서 살아나오게 됩니다. 요나뿐 아니라 바울과 실라도 이와 비슷한 경험을 했습니다.

그가 이러한 명령을 받아 그들을 깊은 옥에 가두고 그 발을 차꼬에 든든히 채웠더니 한밤중에 바울과 실라가 기도하고 하나님을 찬송하매 죄수들이 듣더라 이에 갑자기 큰 지진이 나서 옥터가 움직이고 문이 곧 다 열리며 모든 사람의 매인 것이 다 벗어진지라(행 16:24-26).

바울과 실라는 예수님을 전하다가 감옥에 갇혔습니다. 그런데, 바울과 실라가 감옥에서 기도하고 찬양합니다. 지금 감옥이 좋다고 찬양하는 것입니까?

감옥에서 나왔다고 찬양하는 것입니까?

아닙니다. 감옥에 갇힌 상황에서 찬양합니다. 이미 나의 영혼을 구원하신 하나님을 바라보며 찬양하는 겁니다.

나 같은 죄인을 살리신 하나님을 찬양하는 것이죠.

그럴 때 어떻게 됐습니까?

감옥 문이 열리는 기적이 일어나게 됩니다. 요나가 물고기 뱃속에서 나왔던 것처럼, 바울과 실라도 감옥을 나오게 됩니다.

구원의 하나님을 찬양할 때 이와 같은 하나님의 역사

가 오늘도 일어나게 됩니다.

능력의 하나님을 찬양할 때 막혔던 문이 열리는 것입니다.

상황과 환경을 넘어 하나님을 찬양할 때 어두움이 물러가고 빛이 임하는 것입니다.

> 이 백성은 내가 나를 위하여 지었나니 나의 찬양을 부르게 하려함이라(사 43:21).

> 할렐루야 우리 하나님을 찬양하는 일이 선함이여 찬송하는 일이 아름답고 마땅하도다(시 147:1).

> 할렐루야 그의 성소에서 하나님을 찬양하며 그의 권능의 궁창에서 그를 찬양할지어다 그의 능하신 행동을 찬양하며 그의 지극히 위대하심을 따라 찬양할지어다 (시 150:1-2).

우리의 존재 목적 중 하나는 찬양입니다. 구원 받은 자들의 특권은 찬양입니다.

예배의 자리에서 구원의 하나님을 전심으로 찬양하시기 바랍니다. 이미 예수님을 통해 구원하셨고, 앞으로 예수님을 통해 구원을 완성시킬 하나님을 바라보며 전심으로 찬양하는 예배자가 되시기를 바랍니다. 그럴 때 하나님의 역사를 경험하게 됩니다.

고난 중에 있는 분들이 있습니까?

기억하십시오.

하나님이 허락하신 고난은 고난으로 끝나지 않습니다. 십자가의 고난 뒤에 부활이 있듯이 고난 뒤에 있는 영광을 소망하십시오. 혹시 이 땅에서 고난을 받고 끝난다면 하늘에 놀라운 상이 있음을 기억하십시오.

우리 하나님은 정말 좋으신 분입니다. 하나님은 선하신 분입니다. 하나님은 믿을만한 분입니다. 하나님은 찬양받기 합당하신 분입니다.

고난 중에 말씀과 찬양으로 승리하시기를 바랍니다.

4. 하나님이 주시는 기회

(욘 3:1-10)

4. 하나님이 주시는 기회

(욘 3:1-10)

¹ 여호와의 말씀이 두 번째로 요나에게 임하니라 이르시되

² 일어나 저 큰 성읍 니느웨로 가서 내가 네게 명한 바를 그들에게 선포하라 하신지라

³ 요나가 여호와의 말씀대로 일어나서 니느웨로 가니라 니느웨는 사흘 동안 걸을 만큼 하나님 앞에 큰 성읍이더라

⁴ 요나가 그 성읍에 들어가서 하루 동안 다니며 외쳐 이르되 사십 일이 지나면 니느웨가 무너지리라 하였더니

⁵ 니느웨 사람들이 하나님을 믿고 금식을 선포하고 높고 낮은 자를 막론하고 굵은 베 옷을 입은지라

⁶ 그 일이 니느웨 왕에게 들리매 왕이 보좌에서 일어나 왕복을 벗고 굵은 베 옷을 입고 재 위에 앉으니라

⁷ 왕과 그의 대신들이 조서를 내려 니느웨에 선포하여 이르되 사람이나 짐승이나 소 떼나 양 떼나 아무것도 입에 대지 말지니 곧 먹지도 말 것이요 물도 마시지 말 것이며

⁸ 사람이든지 짐승이든지 다 굵은 베 옷을 입을 것이요 힘써 하나님께 부르짖을 것이며 각기 악한 길과 손으로 행한 강포에서 떠날 것이라

⁹ 하나님이 뜻을 돌이키시고 그 진노를 그치사 우리가 멸망하지 않게 하시리라 그렇지 않을 줄을 누가 알겠느냐 한지라

¹⁰ 하나님이 그들이 행한 것 곧 그 악한 길에서 돌이켜 떠난 것을 보시고 하나님이 뜻을 돌이키사 그들에게 내리리라고 말씀하신 재앙을 내리지 아니하시니라 (욘 3:1-10).

매년 봄이 되면 거리에 울려 퍼지는 노래들이 있습니다. '벚꽃 엔딩'이라는 노래 아십니까?

"봄바람 날리면~ 흩날리는 벚꽃 잎이~."

젊은이들 사이에서 '봄 캐롤'이라고도 불리며 많은 사랑을 받고 있는 노래입니다.

이 노래를 만들고 부른 사람은 '장범준'이라는 가수입니다. 장범준은 2011년 '슈퍼스타 K'라는 오디션 프로그램을 통해서 얼굴을 알렸습니다. 이 프로그램에서 장범준은 '버스커 버스커'라는 3인조 밴드로 출연을 했습니다. 결선을 앞두고 장범준이 속해 있는 '버스커 버스커'가 본선에 탈락하는 아픔이 있었습니다. '모든 것이 끝났구나'라고 자포자기 하고 있을 때 본선에 오른 팀 중에서 1팀이 하차를 하게 됩니다.

사실 제작진 입장에서는 하차한 1팀을 제외하고 본선 무대를 진행해도 되는 상황이었습니다. 그런데, 제작진에서 패자 부활전을 하기로 한 것이죠. 아쉽게 탈락한 참가자들을 모아 놓고 패자 부활전을 통해 다시 한번 기회를 준 것입니다. 결국 이 패자 부활전을 통해 '버스커 버스커'팀이 극적으로 살아났고 결국 결승 무대에 오르게 됩니다.

비록 결승에서 아쉽게 패배해 우승은 하지 못했지만 결승까지 올라가면서 많은 팬을 확보하게 됐고 유명세를 떨치게 됐습니다.

그 후 장범준은 '벚꽃 엔딩'이라는 노래로 이른바 '대박'을 터트리게 됐습니다. 이 노래 한 곡으로만 7년 동안 무려 60억 원의 수익을 올렸다고 합니다. 앞으로도 계속 저작권 수익이 나오기 때문에 사람들은 '벚꽃 연금'이라고 부르기도 합니다.

이렇게 가수 장범준에게 '슈퍼스타 K' 패자 부활전이 인생 역전의 기회가 된 것이죠.

그때 패자 부활전의 기회가 아니었다면 지금의 장범준이 있었을까요?

그때 패자 부활전이 없었다면 우리는 봄에 다른 노래를 듣고 있을지도 모르겠습니다.

패자 부활전은 아니지만 이와 비슷한 기회를 주시는 분이 바로 하나님입니다.

끝이라고 생각할 때 기회를 주십니다.

더 이상 소망이 없다고 낙심 할 때 기회를 주십니다.

벚꽃 엔딩이 아니라 해피엔딩으로 인생 역전을 허락하시는 분이 하나님입니다.

오늘 본문을 통해서 기회를 주시는 하나님에 대해 살펴보려 합니다.

자, 그렇다면 구체적으로 하나님이 누구에게 기회를 주셨습니까?

1. 불순종한 요나에게 기회를 주십니다

> 여호와의 말씀이 두 번째로 요나에게 임하니라 이르시되 일어나 저 큰 성읍 니느웨로 가서 내가 네게 명한 바를 그들에게 선포하라 하신지라(욘 3:1-2).

하나님의 말씀이 두 번째로 요나에게 임했습니다.
"니느웨로 가서 심판을 선포하라."
첫 번째 요나에게 주신 말씀과 동일하죠?

> 여호와의 말씀이 아밋대의 아들 요나에게 임하니라 이

르시되 너는 일어나 저 큰 성읍 니느웨로 가서 그것을 향하여 외치라(욘 1:1-2).

요나서 1장에 주신 말씀과 3장에 주신 말씀이 동일합니다.
첫 번째 이 말씀하셨을 때 요나는 불순종했습니다. 그런데, 두 번째 말씀하실 때는 순종했습니다.
첫 번째와 두 번째 사이에 무슨 일이 있었습니까?
요나가 물고기 뱃속에 들어갔다 나왔습니다. 고난을 경험했습니다. 죽음을 경험한 것입니다. 하나님이 허락하신 고난의 터널을 지나 순종의 길로 가는 요나를 봅니다.

고난 당하기 전에는 내가 그릇 행하였더니 이제는 주의 말씀을 지키나이다(시 119:67).

시편 기자는 무엇을 말합니까?
고난 당하기 전에는 말씀을 지키지 않다가 고난 후에 말씀을 지키게 됐다는 고백입니다. 고난을 통해 말씀에 순종하는 사람으로 바뀌었다는 내용입니다. 요나도 마찬가지였습니다.

고난을 통해 하나님의 말씀이 바뀌었습니까?

하나님의 말씀은 그대로입니다. 바뀐 것은 말씀이 아니라 요나였습니다.

제가 얼마 전, 교회 스타렉스 차량을 가지러 지하 주차장에 내려갔습니다. 스마트 키가 아니라서 수동으로 차키를 넣고 문을 열려고 하는데 안 열리는 것입니다. 순간적으로 '차가 고장 났구나' 생각이 들었습니다. 몇 번을 시도해도 열리지 않았습니다. 슬슬 짜증이 났습니다.

'왜 안 열리지?'

'빨리 차를 가지고 나가야 하는데 차가 왜 이렇지?'

'보험을 불러야 하나?'

조급한 마음으로 이런 저런 생각을 하고 있을 바로 그때! 우리 교회 스타렉스가 2대라는 사실이 생각났습니다. '혹시 내가 키를 잘못 가지고 왔나' 하고 차량 번호를 확인해 보니 다른 키를 가지고 온 것입니다.

차가 문제인 줄 알았는데 제가 문제였습니다. 차는 잘못이 없었습니다. 제가 잘못한 겁니다. 제 잘못을 인지

하지 못하고 괜한 차를 탓하고 짜증을 부렸던 겁니다.

저는 이 사건을 통해 '하나님 앞에서도 내가 이러한 모습이 있지 않나' 돌아보게 됐습니다. 제 잘못을 돌아보기보다 하나님 탓, 남 탓, 상황과 환경 탓을 하는 모습은 없는지 돌아보는 시간이었습니다.

여러분은 어떻습니까?

내 잘못을 돌아보기 전에 가족을 탓하고 계시지는 않습니까?

내 잘못을 돌아보기 전에 상황과 환경을 탓하고 계시지는 않습니까?

내 잘못을 돌아보기 전에 하나님을 탓하고 하나님을 변화시키려 하지는 않습니까?

하나님은 우리가 먼저 변화되길 원하십니다. 그래서 하나님은 우리가 변화될 때까지 가만두지 않으십니다. 우리가 순종할 때까지 계속 기회를 주시는 겁니다.

한 번에 안 되면 두 번의 기회를 주시고 두 번에 안 되면 세 번의 기회를 주십니다. 이렇게 말하면 오해하는 분들이 있습니다.

"아~ 계속 기회를 주시니까 다음에 순종하지 뭐, 이번은 눈 감아 주실 테니 다음에 순종하지 뭐."

이렇게 생각하는 분이 있을까요?

> 내일을 자랑하지 마라. 오늘 무슨 일이 일어날지 누가 알 것인가?(잠 27:1, 쉬운성경)

하나님이 오늘 천국으로 데려가실 수도 있는데 내일을 기약할 수 있습니까?

하나님이 허락한 오늘이 마지막일 수 있는데 누가 내일을 보장할 수 있습니까?

우리 중에 누구도 다음 기회가 있으리라 장담하지 못합니다.

하나님은 오늘, 회개하는 인생에게 새로운 기회를 주십니다.

오늘! 회개하고 돌아온 인생을 하나님은 결코 외면하지 않으십니다.

늦었다고 생각할 때가 회개하고 돌아오기 가장 좋은 때입니다.

하나님이 기회를 주실 때 즉각 순종해야 합니다.

하나님이 말씀하실 때 속히 죄에서 돌이키고 죄의 자리에서 떠나시기를 바랍니다. 역전의 인생은 다름 아닌 회개의 인생입니다. 하나님이 요나에게 기회를 주신 것처럼 오늘 우리에게도 기회를 주십니다.

한걸음 더 나아가 하나님은 누구에게 기회를 주십니까?

2. 원수 같은 니느웨 백성에게 기회를 주십니다

하나님은 요나뿐 아니라 니느웨 백성에게도 기회를 주십니다. 니느웨, 요나의 입장에서 원수 같은 나라입니다.

이스라엘을 끊임없이 힘들게 하고 수탈한 나라 '앗수르,' 그 앗수르의 수도가 '니느웨' 아닙니까?

이런 원수 같은 니느웨 백성에게도 기회를 주십니다. 요나가 가서 외쳤습니다.

요나가 그 성읍에 들어가서 하루 동안 다니며 외쳐 이르되 사십 일이 지나면 니느웨가 무너지리라 하였더니 (욘 3:4).

뭐라고 외쳤습니까?

요나는 "40일 뒤에 망할 것입니다"라며 40일 뒤에 망한다고 외쳤습니다. "당장 망합니다. 내일 망합니다"라고 하지 않았습니다. 하나님은 니느웨 백성에게 충분한 시간을 준 것입니다. 회개할 시간, 즉 기회를 준 것이죠.

니느웨는 오늘날 이라크 북부 '모술'이라는 지역입니다. 고고학자들에 의하면 당시 니느웨는 인구 60만 명 정도였다고 추정합니다. 니느웨 성벽의 높이가 30미터, 아파트 10층 높이 정도 되겠습니다. 니느웨 성의 면적이 220만 평이었다고 합니다.

오늘날 여의도보다 조금 작은 규모입니다. 그 당시 이 정도 규모면 큰 도시였습니다. 그리고 니느웨 사람들은 포악하기로 소문난 사람들이었습니다. 니느웨의 멸망을 선포한 나훔서에 이런 기록이 있습니다.

> 화 있을진저 피의 성이여 그 안에는 거짓이 가득하고 포악이 가득하며 탈취가 떠나지 아니하는도다(나 3:1).

나훔 선지자가 기록하기를 니느웨는 '거짓이 가득하고 포악하고 탈취가 떠나지 않는 피의 도시'라고 합니다. 이런 거대하고 포악한 도시에 요나 혼자 심판의 메시지를 전하러 간 것입니다. 물고기 뱃속에서 나와 거지 꼴을 하고, 죽을 각오로 니느웨로 가는 요나를 상상해 보십시오.

오늘날로 말하자면, 무시무시한 조직폭력배 소굴에 거지와 같은 한 사람이 들어간 것입니다. 그리고 조폭들 앞에 가서 "정신 차리세요. 그러다 죽어요. 당신들 다 망해요"라고 이야기한 것과 마찬가지입니다. 즉시 잡혀서 죽을 수 있는 상황이라는 겁니다. 그런데, 포악한 니느웨 사람들이 어떻게 반응을 했습니까?

> 니느웨 사람들이 하나님을 믿고 금식을 선포하고 높고 낮은 자를 막론하고 굵은 베 옷을 입은지라 그 일이 니느웨 왕에게 들리매 왕이 보좌에서 일어나 왕복을 벗

고 굵은 베 옷을 입고 재 위에 앉으니라(욘 3:5-6).

요나의 메시지를 들은 니느웨 사람들에게 놀라운 일이 일어났습니다. 먼저 하나님을 믿었다고 합니다. 또 금식을 선포하고 회개했다고 합니다. 나아가 그 나라의 왕까지 소식을 듣고 왕복을 벗고 회개에 동참했다고 합니다. 온 나라가 하나님 앞에 무릎을 꿇은 것입니다. 영적인 대각성이 일어난 것이죠. 정말 말도 안 되는 일이 일어난 것입니다.

조직폭력배 소굴에 거지와 같은 한 사람이 가서 "정신 차리세요. 다 죽어요"라고 했는데 갑자기 조폭들이 무릎 꿇고 회개하며 기도한 것과 다를 바 없는 일이 일어난 겁니다. 나아가 조폭 두목이 나와서 옷을 벗고 하나님 앞에 완전 엎드린 것과 같은 기적이 일어난 겁니다. 이게 말이 되는 일입니까?

하나님은 이렇게 말이 안 되는 일을 하십니다. 말이 되는 일만 하시면 하나님이 아닙니다.

하나님이 세상을 말씀으로 창조하셨다는 것이 말이 되는 일입니까?

삼위일체 하나님으로 존재한다는 것이 말이 되는 일입니까?

하나님의 아들이 결혼도 안 한 마리아를 통해서 나왔다는 것이 말이 되는 일입니까?

예수님이 십자가에 죽었다가 부활했다는 것이 말이 되는 이야기입니까?

부활하신 예수님이 다시 오신다는 게 말이 되는 이야기입니까?

나 같은 죄인이 구원을 받는다는 게 말이 되는 이야기입니까?

생각해 보십시오. 하나님은 이렇게 말이 안 되는 일을 행하신 분입니다. 놀라운 일을 행하시는 능력의 하나님입니다. 우리 삶에 말도 안 되는 일을 행하시는 하나님을 소망하시길 바랍니다. 우리의 생각을 뛰어 넘어 놀라운 일을 행하시는 하나님을 기대하시기 바랍니다. 인간의 한계로 하나님을 제한하면 안 됩니다.

사실 요나와 이스라엘 백성들은 하나님을 제한했습니다. 선민사상에 빠져있었습니다. "우리만 구원 받았다," "우리만 택함 받은 백성이다"라며 자만하고 있었습니다.

그래서 자신들을 제외한 이방인들은 구원의 대상이라고 생각하지 않았습니다.

당연히 니느웨가 구원 받으면 안 된다고 생각하고 있었습니다. 그런데, 하나님은 요나를 통해 이방인에게도 구원이 있다는 것을 보여주신 겁니다. 이스라엘의 선민사상을 완전히 깨뜨린 거죠.

하나님은 요나서를 통해 훗날 요나보다 뛰어난 예수님이 오셔서 할 일을 미리 보여주신 겁니다. 예수님이 오셔서 회개의 메시지를 선포할 때 이방인들이 주님께 돌아오지 않았습니까?

요나를 통해 이방인 구원에 대한 실마리를 제공한 것입니다.

하나님은 우리 개인의 구원으로 만족하는 분이 아닙니다. 어느 한 민족의 구원으로 만족하는 분이 아닙니다. 하나님은 예수 그리스도를 통해 전 세계를 구원할 계획을 이뤄 가십니다.

하나님은 원수 같은 저 인간도 구원 받기를 원하십니다.

하나님은 원수 같은 저 나라도 회개하고 돌아오길 원

하십니다.

우리를 구원하신 이유는 바로 이런 사명이 있기 때문인 줄로 믿습니다.

하나님은 원수 같은 니느웨 백성에게도 기회를 주셨습니다. 마찬가지로 우리를 통해 원수 같은 그 인간, 원수 같은 그 나라에도 기회를 주신다는 사실을 기억하시기 바랍니다.

마지막으로 하나님은 누구에게 기회를 주십니까?

3. 하나님의 백성에게 기회를 주십니다

> 하나님이 그들이 행한 것 곧 그 악한 길에서 돌이켜 떠난 것을 보시고 하나님이 뜻을 돌이키사 그들에게 내리리라고 말씀하신 재앙을 내리지 아니하시니라(욘 3:10).

하나님은 니느웨가 악한 길에서 돌이켜 떠난 것을 보셨다고 합니다. 그리고 재앙을 거두시고 은혜를 베푸셨다고 합니다. 니느웨에 40일의 시간을 주었는데 놀라운 회개 운동이 일어났습니다. 왕부터 백성들까지 금식하고 울고불고 하나님 앞에 다 돌아온 것입니다.

본문 10절의 말씀은 1차적으로는 니느웨 백성들을 향한 것입니다. 나아가 2차적으로는 요나가 속한 이스라엘 백성들을 향한 경고의 메시지도 포함돼 있다고 볼 수 있습니다. 지금 회개하지 않고 고집을 부리는 이스라엘 백성을 향한 메시지도 담겨 있다는 겁니다.

왜 그렇습니까?

이 당시 시대적 배경은 여로보암 2세 때입니다. 물질적으로 풍요롭고 살만한 시대이면서 영적으로 타락한 시기였습니다. 종교 지도자들부터 우상을 섬기고 거짓을 일삼는 악한 시대였습니다. 그래서 하나님은 끊임없이 선지자를 통해서 경고의 메시지를 주셨습니다. 아모스, 호세아 등을 통해서 계속 경고하셨습니다.

> 너희 그러다 멸망당한다, 너희 죽는다, 제발 돌아와라, 제발 정신차려라.

선지자를 보내어서 경고했음에도 이스라엘 백성은 정

신을 차리지 못하고 우상을 섬겼습니다. 죄에 늪에 빠져 허우적거렸습니다. 하나님의 음성을 무시했습니다. 이런 악한 시대에 요나를 니느웨로 보내신 겁니다.

물론 니느웨를 불쌍히 여기는 마음도 있으셨겠지만 하나님은 니느웨의 회개를 통해 이스라엘에게 강력하게 말씀하시는 것 아니겠습니까?

> 이스라엘아! 너희 원수 니느웨도 저렇게 회개하고 돌아온다. 니느웨도 경고를 받고 저렇게 금식하고 회개한다. 내가 택한 나의 백성 너희는 도대체 왜 정신을 못 차리고 있느냐!! 우상과 죄악들을 정리해라. 제발 정신 좀 차리고 나에게 돌아와라.

하나님은 니느웨의 회개를 통해 궁극적으로 사랑하는 이스라엘에게 말씀하시는 겁니다. 하나님의 백성이 복의 통로가 되기는커녕 우상을 섬기고 타락해 있다는 사실을 지적하고 계시는 겁니다. 이스라엘이 회개하고 돌아오기를 간절히 바라는 하나님의 마음이 담겨 있다고 볼 수 있습니다.

이처럼 하나님의 백성이 타락할 때 하나님은 경고하십니다. 직접적으로 경고도 하시지만 외부의 침략이나 다른 여러 고난을 통해 경고하시지요. 사실 사랑하지 않으면 경고할 필요가 없습니다. 그냥 심판하시면 됩니다. 그런데, 사랑하기 때문에 계속 경고하면서 돌아올 기회를 주시는 겁니다. 이것이 자기 백성을 사랑하는 하나님 아버지의 마음입니다.

현재 우리나라가 처한 정치, 경제, 외교 등 여러 가지 어려움이 있습니다. 이에 대한 해석과 접근 방법이 다양할 수 있습니다. 하지만, 우리가 하나님의 백성이라면 먼저 하나님 앞에서 우리의 잘못을 돌아봐야 할 것입니다. 하나님의 백성이라고 하지만 요나 시대의 이스라엘처럼 돈을 섬기고, 쾌락을 섬기고, 하나님과 세상을 동시에 섬기려는 악함이 없는지 돌아봐야 할 것입니다. 교회가 세상을 향해 소리를 내기 전에 먼저 회개하고 금식하며 하나님 앞에 서야 할 때라는 겁니다. 성경을 살펴보면 나라와 민족이 위기에 처해 있을 때 금식하며 기도한 장면을 어렵지 않게 찾을 수 있습니다.

사무엘을 기억합니다. 이스라엘이 위기에 처했을 때

미스바에 모여 금식하며 죄를 회개했습니다. 그 결과 이스라엘의 평화가 왔다고 기록하고 있습니다.

> 사무엘이 이르되 온 이스라엘은 미스바로 모이라 내가 너희를 위하여 여호와께 기도하리라 하매 그들이 미스바에 모여 물을 길어 여호와 앞에 붓고 그 날 종일 금식하고 거기에서 이르되 우리가 여호와께 범죄하였나이다 하니라 사무엘이 미스바에서 이스라엘 자손을 다스리니라(삼상 7:5-6).

> 블레셋 사람들이 이스라엘에게서 빼앗았던 성읍이 에그론부터 가드까지 이스라엘에게 회복되니 이스라엘이 그 사방 지역을 블레셋 사람들의 손에서 도로 찾았고 또 이스라엘과 아모리 사람 사이에 평화가 있었더라 (삼상 7:14).

에스더를 기억합니다. 유대 민족이 위기에 처했을 때 3일 금식을 선포하고 왕 앞에 나아가서 민족을 구원하는 데 귀한 역할을 감당했습니다.

> 에스더가 모르드개에게 회답하여 이르되 당신은 가서 수산에 있는 유다인을 다 모으고 나를 위하여 금식하되 밤낮 삼 일을 먹지도 말고 마시지도 마소서 나도 나의 시녀와 더불어 이렇게 금식한 후에 규례를 어기고 왕에게 나아가리니 죽으면 죽으리이다 하니라
> (에 4:15-16).

느헤미야 때는 어떻습니까?

이스라엘 백성이 포로에서 돌아와 성벽을 다시 재건할 당시 금식하며 죄를 회개하는 시간이 있었습니다.

> 그 달 스무나흗 날에 이스라엘 자손이 다 모여 금식하며 굵은 베 옷을 입고 티끌을 무릅쓰며 모든 이방 사람들과 절교하고 서서 자기의 죄와 조상들의 허물을 자복하고 이 날에 낮 사분의 일은 그 제자리에 서서 그들의 하나님 여호와의 율법책을 낭독하고 낮 사분의 일은 죄를 자복하며 그들의 하나님 여호와께 경배하는데
> (느 9:1-3).

하나님은 회개하는 백성의 부르짖음을 외면하지 않으십니다. 성경의 역사를 보더라도 하나님은 금식하며 전심으로 엎드리는 백성에게 기회를 주셨습니다. 우리가 먼저 해야 할 것은 하나님 앞에 엎드리는 것입니다.

> 내 이름으로 일컫는 내 백성이 그들의 악한 길에서 떠나 스스로 낮추고 기도하여 내 얼굴을 찾으면 내가 하늘에서 듣고 그들의 죄를 사하고 그들의 땅을 고칠지라(대하 7:14).

그들의 땅을 고칠지라. 그들의 땅을 고칠지라. 대한민국 땅을 고칠지라!

하나님은 자녀인 우리가 먼저 돌아오기를 원하십니다. 교회가 회개의 자리로 나아오기 원하십니다. 우리가 금식하며 엎드리길 원하십니다.

우리는 영적인 대각성을 사모해야 합니다. 하나님이 이 나라를 불쌍히 여겨 주시길 간절히 기도해야 합니다. 나라를 위해 눈물 뿌리며 엎드려야 할 때입니다.

이 나라에 성령의 바람이 불어와 새로워질 것을 소망

해야 합니다.

하나님이 기회를 주실 때 엎드려야 합니다.

하나님 앞에 겸손히 엎드릴 때 우리나라에 소망이 있는 줄 믿습니다.

5. 하나님의 은혜

(욘 4:1-11)

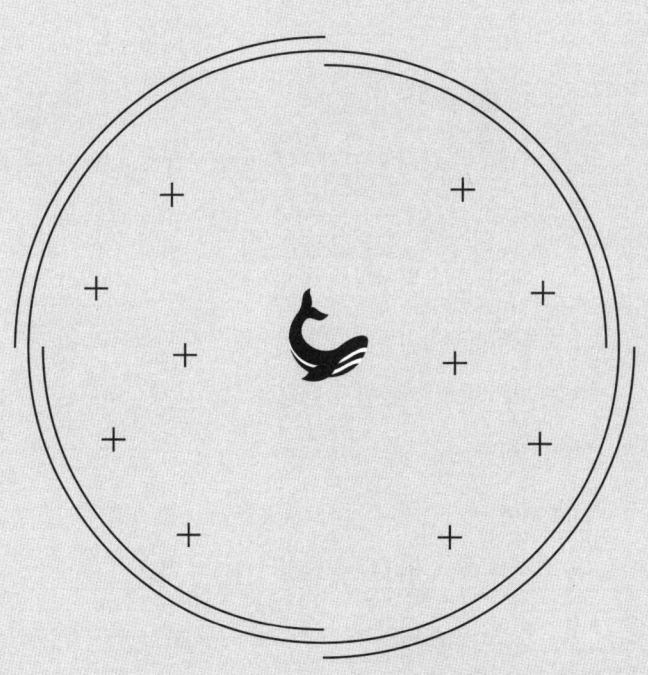

5. 하나님의 은혜

(욘 4:1-11)

¹ 요나가 매우 싫어하고 성내며

² 여호와께 기도하여 이르되 여호와여 내가 고국에 있을 때에 이러하겠다고 말씀하지 아니하였나이까 그러므로 내가 빨리 다시스로 도망하였사오니 주께서는 은혜로우시며 자비로우시며 노하기를 더디하시며 인애가 크시사 뜻을 돌이켜 재앙을 내리지 아니하시는 하나님이신 줄을 내가 알았음이니이다

³ 여호와여 원하건대 이제 내 생명을 거두어 가소서 사는 것보다 죽는 것이 내게 나음이니이다 하니

⁴ 여호와께서 이르시되 네가 성내는 것이 옳으냐 하시니라

⁵ 요나가 성읍에서 나가서 그 성읍 동쪽에 앉아 거기서 자기를 위하여 초막을 짓고 그 성읍에 무슨 일이 일어나는가를 보려고 그 그늘 아래에 앉았더라

⁶ 하나님 여호와께서 박넝쿨을 예비하사 요나를 가리게 하셨으니 이는 그의 머리를 위하여 그늘이 지게 하며 그의 괴로움을 면하게 하려 하심이었더라 요나가 박넝쿨로 말미암아 크게 기뻐하였더니

⁷ 하나님이 벌레를 예비하사 이튿날 새벽에 그 박넝쿨을 갉아먹게 하시매 시드니라

⁸ 해가 뜰 때에 하나님이 뜨거운 동풍을 예비하셨고 해는 요나의 머리에 쪼이매 요나가 혼미하여 스스로 죽기를 구하여 이르되 사는 것보다 죽는 것이 내게 나으니이다 하니라

⁹ 하나님이 요나에게 이르시되 네가 이 박넝쿨로 말미암아 성내는 것이 어찌 옳으냐 하시니 그가 대답하되 내가 성내어 죽기까지 할지라도 옳으니이다 하니라

¹⁰ 여호와께서 이르시되 네가 수고도 아니하였고 재배도 아니하였고 하룻밤에 났다가 하룻밤에 말라 버린 이 박넝쿨을 아꼈거든

> **11** 하물며 이 큰 성읍 니느웨에는 좌우를 분변하지 못하는 자가 십이만여 명이요 가축도 많이 있나니 내가 어찌 아끼지 아니하겠느냐 하시니라(욘 4:1-11).

요나서 마지막 장입니다. 우리가 요나서에서 집중해야 할 것은 요나가 아닙니다. 정체불명의 큰 물고기도 아닙니다. 바로 하나님께 집중해야 합니다. 요나의 시작도 하나님이 말씀하심으로 시작되고 요나의 마지막도 하나님이 말씀하심으로 마무리 됩니다. 하나님께 집중해야 삼천포로 빠지지 않을 수 있습니다.

우리의 삶도 마찬가지입니다. 하나님께 집중해야 잘못된 길로 빠지지 않습니다. 나에게 집중하면 늘 실망합니다. 사람을 바라보면 시험에 빠집니다. 상황과 환경을 바라보면 절망합니다. 이 나라 이 땅을 바라보면 소망이 없습니다. 오직 눈을 들어 살아계신 하나님께 집중할 때 소망이 생기는 것입니다. 요나서를 마무리하면서 "하나님의 은혜"에 중점을 두고자 합니다.

은혜가 무엇입니까?

'자격 없는 자에게 베풀어지는 혜택, 호의, 친절'을 의미합니다.

그래서 은혜를 입은 사람은 은혜를 베푼 상대에게 감사를 표현하기 마련입니다.

그런데, 은혜를 입은 사람이 감사는커녕 도리어 큰 소리를 칠 때 우리가 무엇이라고 합니까?

'저 배은망덕한 인간!! 은혜를 원수로 갚는 인간!!' 이렇게 비판합니다.

그렇다면 하나님의 은혜는 무엇입니까?

'하나님이 자격 없는 인간에게 베푸시는 혜택, 친절, 선물'을 의미합니다. 그래서 하나님의 은혜를 아는 사람은 늘 감사하는 마음으로 살아갑니다. 그런데, 사람은 망각의 은사가 있어서 하나님의 은혜를 자주 잊어버립니다. 그 결과 하나님 앞에 배은망덕한 모습으로 나아갈 때가 있습니다.

요나서 4장을 살펴보면 이와 같이 은혜를 잊어버린 요나를 만나게 됩니다. 반대로 하나님이 요나에게 계속 은혜를 베푸시는 모습이 나옵니다. 은혜를 잊어버린 요나와 은혜를 베푸시는 하나님이 대비되는 모습입니다.

구체적으로 하나님이 요나에게 어떤 은혜를 베푸셨는

지 함께 나누고자 합니다.

요나에게 부어진 하나님의 은혜는 무엇입니까?

1. 기다림의 은혜입니다

하나님은 조급하신 분이 아닙니다. 인간의 잘못을 찾아서 바로 바로 심판하시는 하나님이 아닙니다. 하나님은 아버지가 자녀를 기다려 주듯이 오래 참고 기다려 주시는 분입니다.

> 요나가 매우 싫어하고 성내며 여호와께 기도하여 이르되 여호와여 내가 고국에 있을 때에 이러하겠다고 말씀하지 아니하였나이까 그러므로 내가 빨리 다시스로 도망하였사오니 주께서는 은혜로우시며 자비로우시며 노하기를 더디하시며 인애가 크시사 뜻을 돌이켜 재앙을 내리지 아니하시는 하나님이신 줄을 내가 알았음이니이다(욘 4:1-2).

"요나가 매우 싫어하고 성내며"라고 기록돼 있습니다. 요나가 왜 화가 났습니까?

원수 같은 니느웨가 회개하고 돌아온 것 때문에 화가 났습니다. 저 잔인하고 사악한 니느웨 백성에게 하나님이 은혜를 베푸신 것 때문에 화가 난 겁니다.

생각해 보십시오. 하나님이 우리 가족에게 먼저 은혜를 베풀어 주시면 좋겠는데, 우리 가족을 망하게 했던 원수 같은 사람이 오히려 큰 은혜를 받았습니다.

화가 나고 질투가 나는 게 당연한 것 아닙니까?

머리로는 받아들일 수 있을지 몰라도 실제 그 일이 눈앞에 일어났다고 생각해 보십시오. 감당하기가 쉽지 않습니다.

요나는 저 잔인한 니느웨 사람들이 쉽게 용서받으면 안 된다고 생각했습니다. 저 원수 같은 니느웨에 하나님의 은혜가 미치는 것을 용납하기 힘들었습니다.

혹시 사도 바울이었다면 니느웨의 회개를 보고 "오 주님 … 니느웨 백성을 구원해주셔서 감사합니다"라고 했을지 모르겠습니다. 하지만, 요나는 바울이 아니었습니다.

요나는 요나였습니다. 성경은 요나의 부족한 부분을 그대로 기록합니다.

1장에서 하나님의 명령을 피해 달아나는 장면도 가감 없이 보여줍니다.

그리고 오늘 4장에서도 요나가 화를 내는 장면을 그대로 기록합니다.

> 여호와여 원하건대 이제 내 생명을 거두어 가소서 사는 것보다 죽는 것이 내게 나음이니이다 하니(욘 4:3).

무엇이라고 기도합니까?

"나를 죽여주시옵소서. 차라리 죽는 것이 낫습니다."

이뿐 아닙니다. 하나님이 보내주신 박넝쿨이 사라지자 또 화를 냅니다.

> 해가 뜰 때에 하나님이 뜨거운 동풍을 예비하셨고 해는 요나의 머리에 쪼이매 요나가 혼미하여 스스로 죽기를 구하여 이르되 사는 것보다 죽는 것이 내게 나으니이다 하니라(욘 4:8).

"나를 죽여주십시오. 사는 것 보다 죽는 것이 낫습니다"라며 두 번이나 죽여 달라고 바득바득 떼를 씁니다. 하나님의 은혜를 입은 사람이 할 기도라고 보기에는 좀 과격합니다. 요나의 불완전한 모습이 그대로 드러납니다. 성경은 요나를 포장하지 않습니다. 요나뿐 아니라 예수님의 제자 베드로를 보더라도 그렇습니다. 예수님의 수제자 베드로답게 놀라운 신앙 고백을 했었습니다.

> 시몬 베드로가 대답하여 이르되 주는 그리스도시요 살아 계신 하나님의 아들이시니이다(마 16:16).

우리 믿음의 기초가 되는 신앙 고백이죠. 이 놀라운 신앙 고백을 예수님은 칭찬하셨습니다. 나아가 이 고백 위에 교회를 세우시겠다는 선언을 하십니다. 문제는 이 신앙 고백을 하고 난 바로 뒤 예수님이 십자가 죽음을 이야기합니다. 그러자 베드로가 "안 됩니다. 절대 그럴 수 없습니다" 하며 손사래를 칩니다. 그때, 예수님은 이렇게 말씀하셨습니다.

> 예수께서 돌이키시며 베드로에게 이르시되 사탄아 내 뒤로 물러 가라 너는 나를 넘어지게 하는 자로다 네가 하나님의 일을 생각하지 아니하고 도리어 사람의 일을 생각하는도다(마 16:23).

예수님의 수제자에서 바로 사탄이 된 것입니다. 이것은 실제 베드로가 사탄이 됐다는 이야기입니까?

아닙니다. 아무리 훌륭한 신앙 고백자라도 넘어지기 쉬운 존재라는 것을 알려주고 있습니다. 예수님의 수제자인 베드로라 할지라도 실수할 수 있고 잘못할 수 있습니다.

우리는 하나님의 은혜로 단번에 신분은 바뀝니다. 하나님의 자녀가 되는 것이죠. 하지만, 단번에 하나님처럼 완벽해질 수 없습니다. 아이가 태어나서 성장의 과정을 거치는 것처럼 영적인 출생도 이와 같이 길고 긴 과정을 거치게 됩니다. 그래서 우리는 천국가기 전까지 계속 두렵고 떨림으로 구원을 이뤄가야 합니다. 이것을 신학적인 용어로 '성화'라고 합니다. 하나님은 이 긴 성화의 과정 동안 기다려 주십니다. 오래 참으십니다. 이것이 기다림의 은혜입니다.

하나님은 요나를 기다려 주셨습니다. 요나에게 말씀하시고 또 기다리십니다.

친절히 설명하시고 또 기다리십니다. 때로는 물고기 뱃속에 넣기도 하시고 고난을 통과하게 하십니다. 끝까지 요나를 기다려주시는 하나님을 보게 됩니다.

제 삶을 돌아봐도 그렇습니다.

하나님이 저 같은 죄인을 기다려 주시지 않았다면 제가 목회자가 될 수 있었을까요?

하나님이 기다려 주시고 참아 주셔서 지금의 제가 있는 겁니다.

요나를 기다려 주신 하나님은 부족한 우리를 기다려 주십니다. 포기하지 않으시고 끝까지 기다려 주시는 하나님입니다. 혹시나 탕자처럼 하나님께로부터 멀리 떠나있는 분들이 있다면, 몸은 교회에 있지만 마음이 하나님께로 떠나 있는 분들이 있다면, 기억하십시오.

하나님 아버지는 오늘도 우리를 기다리고 계십니다. 우리를 향해 두 팔을 벌리고 계십니다. 우리가 회개하고 돌아오기를 바라십니다. 하나님은 오늘도 바보처럼 기다리십니다. 사랑하는 자녀를 기다리십니다. 이것이 하나님의 은혜입니다. 이것이 하나님 아버지의 마음입니다. 한걸음 더 나아가, 요나에게 부어진 하나님의 은혜는 무엇입니까?

2. 예비하심의 은혜입니다

하나님은 사랑하는 자녀들에게 나쁜 것을 예비하지 않으십니다. 하나님이 나쁜 것을 예비하셨다고 생각되는 분들이 있다면 하나님을 오해하고 있는 겁니다. 하나님은 사랑하는 자녀에게 좋은 것을 예비하고 계십니다.

> 하나님 여호와께서 박넝쿨을 예비하사 요나를 가리게 하셨으니 이는 그의 머리를 위하여 그늘이 지게 하며 그의 괴로움을 면하게 하려 하심이었더라 요나가 박넝쿨로 말미암아 크게 기뻐하였더니 하나님이 벌레를 예비하사 이튿날 새벽에 그 박넝쿨을 갉아먹게 하시매 시드니라 해가 뜰 때에 하나님이 뜨거운 동풍을 예비하

셨고 해는 요나의 머리에 쪼이매 요나가 혼미하여 스스로 죽기를 구하여 이르되 사는 것보다 죽는 것이 내게 나으니이다 하니라(욘 4:6-8).

하나님은 요나에게 무엇을 예비하셨습니까?

박넝쿨, 벌레, 뜨거운 바람을 예비하셨습니다. 먼저 박넝쿨로 뜨거운 해를 가리게 하셨고, 다음날 새벽에 벌레로 갉아먹게 하셨고, 해가 뜰 때 뜨거운 바람으로 요나를 힘들게 하셨습니다.

요나의 편에서 보면 뜨거운 해를 가려준 박넝쿨만 좋은 예비하심입니다. 해를 가려준 박넝쿨을 갉아먹은 벌레, 그리고 요나를 힘들게 한 뜨거운 바람은 좋은 예비하심이라고 볼 수 없습니다. 그런데, 하나님은 박넝쿨뿐 아니라 벌레와 뜨거운 바람을 통해서 하나님의 마음을 알려 주십니다.

여호와께서 이르시되 네가 수고도 아니하였고 재배도 아니하였고 하룻밤에 났다가 하룻밤에 말라 버린 이 박넝쿨을 아꼈거든 하물며 이 큰 성읍 니느웨에는 좌

우를 분변하지 못하는 자가 십이만여 명이요 가축도 많이 있나니 내가 어찌 아끼지 아니하겠느냐 하시니라 (욘 4:10-11).

하나님은 하룻밤에 말라버린 박넝쿨 사건을 통해서 요나에게 말씀하십니다.

> 요나야, 네가 죽은 박넝쿨 그렇게 아쉬워하며 아끼는데 왜 죽어가는 니느웨 영혼은 아쉬워하며 아끼지 않느냐. 요나야, 한 영혼이 천하보다 귀한데 니느웨에는 어른만 12만 명이다. 너는 한 영혼이 아니라 하루 만에 썩어 없어질 것에 마음을 쏟고 있느냐.

요나는 박넝쿨만 좋은 예비하심이라고 생각했을지 모르겠지만 하나님 입장에서는 요나를 위해 모든 것을 예비하신 겁니다. 요나가 돌이킬 수 있도록 은혜를 주신 겁니다. 은혜를 잊어버린 요나에게 하나님은 박넝쿨, 벌레, 뜨거운 바람을 예비하셨습니다. 이처럼 하나님은 사랑하는 자녀들을 위해 좋은 것을 예비하십니다.

'예비하심' 하면 예비하심의 은혜를 입은 성경의 인물이 떠오릅니다.

"여호와 이레"는 누가 한 말입니까?

믿음의 조상 아브라함이 한 말입니다. 여호와 이레는 "하나님의 산에서 준비하신다. 하나님이 예비하신다"라는 뜻입니다.

> 아브라함이 그 땅 이름을 여호와 이레라 하였으므로 오늘날까지 사람들이 이르기를 여호와의 산에서 준비되리라 하더라(창 22:14).

하나님은 아브라함에게 아들 이삭을 바치라고 명하셨습니다. 결코 쉬운 명령이 아닙니다. 모든 부모의 심정이 그렇겠지만 자신이 죽으면 죽었지, 자신의 손으로 아들을 바칠 수 있는 부모는 없을 것입니다.

아브라함은 어찌된 일인지 하나님의 명령에 순종하려고 했습니다. 정말로 아들 이삭을 바치려고 하자 하나님은 숫양을 예비하셔서 이삭을 살려주셨습니다. 이 놀라운 체험을 하고 아브라함이 "여호와 이레"라고 고백한 것입니다. 하나님이 이삭의 죽음을 예비하신 줄 알았는데, 아니었습니다. 숫양을 예비하셔서 숫양을 죽이시고 이삭을 살리셨습니다.

하나님은 살리시는 분입니다. 특별히 양을 예비하셔서 살리시는 하나님입니다. 하나님은 숫양을 예비하셔서 이삭을 살리셨을 뿐 아니라 어린 양 되신 예수님을 예비하셔서 죄악으로 물든 우리를 살리셨습니다. 하나님은 어린 양 예수님을 죽이시고 죄악 된 우리를 살리신 겁니다.

이 보다 더 놀라운 예비하심이 어디 있을까요?

세상 사람들에게 '십자가 예비하심'은 죽음의 상징이요. 실패의 상징입니다. 하지만, 하나님의 자녀인 우리에게 '십자가 예비하심'은 생명의 상징이요. 영원한 승리의 상징이 되는 것입니다.

> 십자가의 도가 멸망하는 자들에게는 미련한 것이요 구원을 받는 우리에게는 하나님의 능력이라(고전 1:18).

세상 사람들에게는 예수님의 십자가는 미련한 것으로 비춰질지 모르지만 구원 받는 우리에게 이보다 더 값진

보물이 없는 겁니다. 이처럼 하나님이 예수님의 십자가를 예비하셔서 우리를 살리셨습니다.

이뿐 아닙니다. 하나님은 또 다른 것을 예비하신다고 약속하십니다.

> 내 아버지 집에 거할 곳이 많도다 그렇지 않으면 너희에게 일렀으리라 내가 너희를 위하여 거처를 예비하러 가노니 가서 너희를 위하여 거처를 예비하면 내가 다시 와서 너희를 내게로 영접하여 나 있는 곳에 너희도 있게 하리라(요 14:2-3).

"너희를 위하여 거처를 예비하러 가노니, 너희를 위하여 거처를 예비하면"이라며 예수님은 천국의 거처를 예비하신다고 약속하셨습니다. 영원한 천국에서의 삶을 예비하십니다. 준비되면, 때가 되면 하나님이 데리고 가시겠다고 합니다. 하나님은 빈말을 하지 않으십니다. 반드시 약속을 지키시는 신실한 하나님입니다.

별로 능력도 없는 친구가 "야. 너 살 거처를 마련해 놨으니 걱정 마."

그러면 어떻습니까?

걱정이 됩니다. 믿기가 힘듭니다.

그런데, 대기업 회장 삼촌이 "야 너 살 거처를 마련해 놨으니 걱정 마."

그러면 어떻습니까?

신뢰가 갑니다. 기대가 됩니다.

누구의 말이냐에 따라 신뢰의 무게감이 다르게 느껴지는 겁니다. 하나님은 하늘의 대기업 회장입니다. 이 세상의 그 어떤 대기업 회장과 비교할 수 없는 분이 하나님입니다. 온 세상 만물을 주관하시고 가장 능력자이시고 가장 부유하신 분이 하나님입니다. 가장 믿을 만한 분입니다. 우리는 머지않아 다 하늘로 갈 것입니다. 천국에 우리의 거처가 예비되고 있음을 믿음의 눈으로 바라보시기 바랍니다.

하나님은 사랑하는 자녀들을 위해 예수님을 예비하셨습니다. 예수님의 십자가와 부활을 예비하셨습니다. 나아가 천국의 거처를 예비하고 계십니다. 이 사실을 확신하는 자들이 이 땅에서도 작은 천국을 누리게 됩니다.

자꾸 하나님 나라가 이 땅에 임해야 한다며 죽어서 가

는 하나님 나라에 대해서 소홀히 여기는 분위기가 있습니다. 우리는 한쪽으로 치우친 메시지를 경계해야 합니다. 죽어서 가는 하나님 나라, 이 땅에서 누리는 하나님 나라 둘 다 중요시 여겨야 합니다.

먼저 죽어서 가는 하나님 나라를 확신하는 자가 비로소 이 땅에서도 하나님 나라를 누리게 됩니다.

죽어서 가는 하나님 나라에 대한 소망이 없는데 어떻게 이 땅에서 하나님 나라를 누릴 수 있겠습니까?

천상의 거처를 확신하시기 바랍니다. 죽어서 가는 천국에 소망을 두시기 바랍니다.

하나님의 은혜는 기다림으로 나타났습니다. 사람은 기다리다 지치고 포기하지만 하나님은 끝까지 기다리십니다. 우리를 포기하지 않으시고 끝까지 기다려 주시는 하나님 앞에 감사함으로 나아가시기 바랍니다.

하나님의 은혜는 예비하심으로 나타났습니다. 하나님은 사랑하는 자녀들에게 언제나 좋은 것을 예비하십니다. 예수님의 십자가를 예비하셔서 우리를 죄를 씻어 주셨습니다. 예수님의 부활을 예비하셔서 부활을 소망하게 하십니다. 나아가 영원한 천국에 거처를 예비하십니다. 우리는 머지않아 그곳에 가게 될 것입니다.

우리를 위해 기다려주시고 가장 좋은 것을 예비하시는 하나님을 신뢰하시기 바랍니다.

닫는 글
"요나는 억울하다"

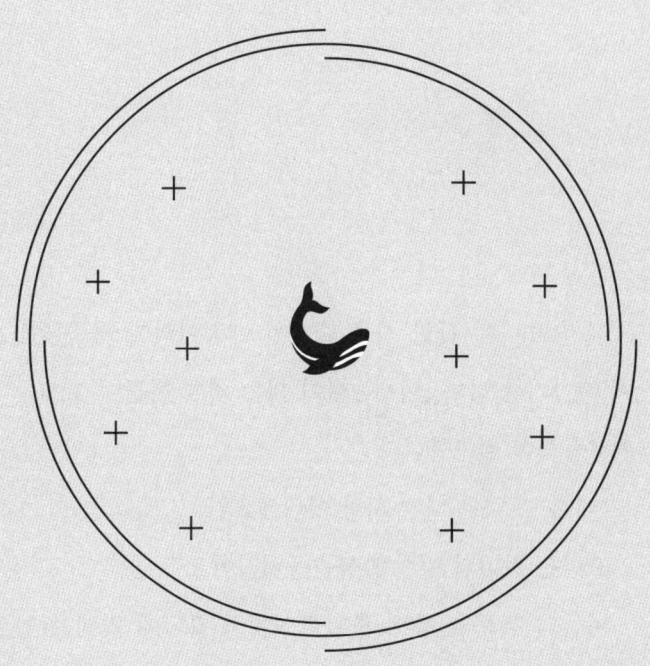

닫는 글

"요나는 억울하다"

제가 요나에 관한 책을 출판할 예정이라고 가족들에게 이야기를 하자, 이제 9살이 되는 첫째 아들이 고개를 갸우뚱하며 질문합니다.

"아빠, 요나는 나쁜 사람 아니예요?

요나는 하나님 명령에 불순종했잖아요!"

아들의 질문을 통해 주일학교에서 요나에 관해 어떤 설교를 들었는지 대략 짐작이 되었습니다. 제가 아들에게 이렇게 질문했습니다.

"맞아, 요나는 하나님의 명령에 불순종했어.

그러면 요나보다 더 불순종한 다윗도 나쁜 사람이겠네?"

아들이 살짝 고민하는 표정을 지을 때 제가 이렇게 설명을 덧붙였습니다.

> 아들, 요나가 하나님께 불순종 한 거 맞아. 요나가 잘못했지. 그렇다고 요나를 나쁜 사람으로만 보거나 불순종한 선지자로 보기에는 요나가 잘한 것도 많아.
> 요나가 처음에는 불순종했지만 결국 순종했잖아.
> 그렇지?
> 그리고 요나서에 나오는 요나의 신앙 고백, 요나의 기도, 요나의 말씀 암송, 요나의 찬양을 보면 요나가 하나님 앞에 잘 한 부분도 많다는 것을 알 수 있어.

다시 고개를 갸우뚱하는 첫째와 옆에서 유심히 듣고 있는 8살 둘째를 위해 설명을 이어갔습니다.

사랑하는 아들, 너희가 아빠 엄마 말씀에 불순종할 때 많지?

그렇다고 아빠 엄마가 너희들을 미워하거나 싫어할까? 아니야. 아빠 엄마는 너희들이 순종할 때나 불순종할 때나 변함없이 사랑해. 물론 불순종하면 혼나긴 하지만 아빠 엄마의 사랑은 그대로야. 순종하기를 바라지만 불순종 했다고 사랑이 줄어들지는 않아, 아빠 엄마는 너희들 행동 때문에 사랑 하는 게 아니야. 너희 존재 자체를 사랑해.

하나님도 마찬가지야.

하나님이 요나가 한두 번 잘못했다고 요나를 나쁘게 보실까?

요나가 떼쓰고 투정 부린다고 미워하실까?

아빠는 그렇지 않다고 생각해. 그리고 천국에 가면 제일 먼저 요나에게 가서 물어보고 싶어. 요나서 마지막 하나님의 말씀에 어떻게 대답했는지.

너희들도 궁금하지 않니?

이렇게 요나에 관한 아들들과 대화, 아니 아빠의 짧은 설교가 마무리됐습니다.

저는 요나서를 묵상하고 연구하면서 이미 나와 있는 요나서에 대한 자료들이 한쪽으로 치우쳐 있다는 사실을 발견하게 됩니다. 대부분 요나를 '나쁜 선지자, 닮아서는 안 되는 성경 인물'로 몰아가고 있습니다. 그렇기 때문에 이러한 기존의 자료들을 참고하여 설교를 준비하는 목회자들은 편견을 가지고 요나를 바라보게 되는 것이죠.

이에 반해 소수의 목회자들만이 요나를 '꽤 괜찮은 믿음의 사람'으로 바라보고 있습니다. 저도 요나를 '꽤 괜찮은 믿음의 사람'으로 바라보고 있으며 이에 대한 성경적 근거가 충분하다고 주장하는 바입니다.

여는 글에서 말씀 드린 대로 이 책을 통해 요나서를 연구하는 신학자들의 연구가 더 활발해지기를 바랍니다. 또한, 목회자들과 신학생들이 요나서로 설교를 준비할 때 참고할 수 있는 자료가 되기를 바랍니다. 무엇보다 성경을 사랑하는 성도들이 요나서를 묵상하고 공부할 때 작은 도움이 되기를 간절히 소망합니다.

미주

1. 팀 켈러, 『방탕한 선지자』 (*The Prodigal Prophet*), 홍종락 역 (서울: 두란노서원, 2019).

2. 손진호, 『구속사적 관점에서 본 요나서』 (서울: 그리심, 2010), 50-60.

3. 존 맥스웰, 『어떻게 360도 리더가 되는가』 (*The 360*), 강혜정 역. (파주: 넥서스BIZ, 2007), 129-130.

4. 랄프 네이버, 『셀 리더 지침서』 (*The Shepherd's guidebook*), 박영철 역. (서울: 도서출판NCD, 2003), 132.

5. 존 스토트, 『나는 왜 그리스도인이 되었는가』 (*Why I am a christian : This is my story*), 영혜원 역. (서울: IVP, 2004), 16-17.

6. 아더 핑크, 『하나님의 주권』 (*The Sovereignty of God*), 전의우 역. (서울: 도서출판예루살렘, 2011), 66-67.

7. 존 맥아더, 『예배: 우리는 예배드리기 위해 구원받았다』 (*Worship : the ultimate priority*), 유정희 역. (서울: 아가페북스, 2013), 87.